Tabla de contenido

CAPÍTULO 1: DESBLOQUEANDO EL POTENCIAL FINANCIERO........4

CAPÍTULO 2: LAS BARRERAS INVISIBLES: IDENTIFICANDO TUS OBSTÁCULOS INTERNOS........9

CAPÍTULO 3: CREENCIAS LIMITANTES: ROMPIENDO LOS ESQUEMAS MENTALES........13

CAPÍTULO 4: EL PODER DE LA AUTOIMAGEN: CÓMO INFLUIMOS EN NUESTRO ÉXITO FINANCIERO........17

CAPÍTULO 5: LA ZONA DE CONFORT: ¿AMIGA O ENEMIGA?........22

CAPÍTULO 6: EL MIEDO AL FRACASO: TRANSFORMÁNDOLO EN MOTIVACIÓN........25

CAPÍTULO 7: EL ARTE DE LA NEGOCIACIÓN: SUPERANDO LA TIMIDEZ........29

CAPÍTULO 8: LA DISCIPLINA FINANCIERA: HÁBITOS QUE MARCAN LA DIFERENCIA........33

CAPÍTULO 9: EL EFECTO ACUMULATIVO: PEQUEÑOS PASOS HACIA LA RIQUEZA........38

CAPÍTULO 10: LA RESILIENCIA ECONÓMICA: ADAPTÁNDONOS A LOS CAMBIOS........43

CAPÍTULO 11: LA MENTALIDAD DE ABUNDANCIA: ATRAYENDO OPORTUNIDADES........48

CAPÍTULO 12: LA GESTIÓN DEL TIEMPO: PRIORIZANDO TUS METAS FINANCIERAS........52

CAPÍTULO 13: LA RED DE APOYO: CONSTRUYENDO RELACIONES ESTRATÉGICAS........57

CAPÍTULO 14: EL PODER DE LA EDUCACIÓN FINANCIERA: APRENDER PARA PROSPERAR........61

CAPÍTULO 15: LA AUTOMATIZACIÓN: SIMPLIFICANDO TUS FINANZAS........65

CAPÍTULO 16: LA INVERSIÓN INTELIGENTE: DE AHORRADOR A CREADOR DE RIQUEZA........68

CAPÍTULO 17: LA DEUDA COMO ALIADA: ESTRATEGIAS PARA UTILIZARLA A TU FAVOR........72

CAPÍTULO 18: EL EQUILIBRIO ENTRE TRABAJO Y VIDA: CÓMO IMPACTA EN TUS FINANZAS 75

CAPÍTULO 19: LA MENTALIDAD EMPRENDEDORA: CREANDO TU PROPIO CAMINO 79

CAPÍTULO 20: EL LEGADO FINANCIERO: MÁS ALLÁ DE TU PROPIA VIDA 82

CAPÍTULO 21: LA MENTALIDAD DEL AHORRO: CÓMO CONSTRUIR UN COLCHÓN FINANCIERO 86

CAPÍTULO 22: EL PODER DE LA VISUALIZACIÓN: CREANDO UNA IMAGEN DE ÉXITO 90

CAPÍTULO 23: LA INFLUENCIA DEL ENTORNO: CÓMO LAS PERSONAS QUE NOS RODEAN AFECTAN NUESTRAS FINANZAS 95

CAPÍTULO 24: LA EDUCACIÓN CONTINUA: INVERTIR EN TU PROPIO CONOCIMIENTO 101

CAPÍTULO 25: EL EFECTO DE LAS DECISIONES COTIDIANAS: PEQUEÑOS CAMBIOS, GRANDES RESULTADOS 107

CAPÍTULO 26: LA RESILIENCIA ANTE LAS CRISIS: CÓMO AFRONTAR LOS DESAFÍOS ECONÓMICOS 113

CAPÍTULO 27: LA DIVERSIFICACIÓN DE INGRESOS: MÁS ALLÁ DEL SUELDO MENSUAL 118

CAPÍTULO 28: EL PODER DE LA REDUCCIÓN DE GASTOS: OPTIMIZANDO TU PRESUPUESTO 123

CAPÍTULO 29: LA MENTALIDAD DE ABUNDANCIA EN LA INVERSIÓN: NO TEMAS A LOS RIESGOS CALCULADOS 129

CAPÍTULO 30: EL VALOR DEL TIEMPO: CÓMO APROVECHARLO AL MÁXIMO EN TUS FINANZAS 133

CAPÍTULO 31: LA COMUNICACIÓN FINANCIERA: HABLAR DE DINERO SIN TABÚES 137

CAPÍTULO 32: EL IMPACTO DE LA GRATITUD: APRECIAR LO QUE TIENES PARA ATRAER MÁS 141

CAPÍTULO 33: LA PLANIFICACIÓN A LARGO PLAZO: CREANDO METAS FINANCIERAS SOSTENIBLES 145

CAPÍTULO 34: EL PODER DE LAS REDES SOCIALES: CONECTAR CON INFLUENCERS FINANCIEROS 149

CAPÍTULO 35: LA AUTOMATIZACIÓN DE INVERSIONES: ESTRATEGIAS PARA EL FUTURO 153

- CAPÍTULO 36: LA DEUDA INTELIGENTE: DIFERENCIANDO ENTRE BUENAS Y MALAS DEUDAS..................159
- CAPÍTULO 37: EL EQUILIBRIO ENTRE GENEROSIDAD Y AUTOCUIDADO: CÓMO AYUDAR SIN DESCUIDARTE..................164
- CAPÍTULO 38: LA MENTALIDAD DE PROSPERIDAD: CREER QUE MERECES EL ÉXITO FINANCIERO..................168
- CAPÍTULO 39: EL IMPACTO DE LA SALUD FÍSICA EN TUS FINANZAS: BIENESTAR = RIQUEZA..................172
- CAPÍTULO 40: EL LEGADO QUE QUIERES DEJAR: MÁS ALLÁ DEL ASPECTO MONETARIO..................177
- CAPÍTULO 41: LA MENTALIDAD DEL EMPRENDEDOR: CREANDO OPORTUNIDADES EN CRISIS..................183
- CAPÍTULO 42: EL PODER DE LA REDUCCIÓN DE IMPULSOS: EVITANDO COMPRAS INNECESARIAS..................186
- CAPÍTULO 43: LA EDUCACIÓN FINANCIERA EN LA INFANCIA: SEMBRANDO SEMILLAS DE ÉXITO..................190
- CAPÍTULO 44: EL IMPACTO DE LAS DECISIONES A LARGO PLAZO: PENSAR MÁS ALLÁ DEL INSTANTE..................196
- CAPÍTULO 45: LA RESILIENCIA ANTE LA FALTA DE RECURSOS: CREATIVIDAD EN TIEMPOS APRETADOS..................200
- CAPÍTULO 46: EL VALOR DE LA DIVERSIFICACIÓN: NO PONER TODOS LOS HUEVOS EN UNA CANASTA..................204
- CAPÍTULO 47: LA MENTALIDAD DE INVERSIÓN EN TI MISMO: CÓMO TU DESARROLLO PERSONAL AFECTA TUS FINANZAS..................208
- CAPÍTULO 48: EL PODER DE LA REDUCCIÓN DE DEUDAS: ESTRATEGIAS PRÁCTICAS..................211
- CAPÍTULO 49: LA GENEROSIDAD COMO ESTRATEGIA: CÓMO DAR Y RECIBIR EN EQUILIBRIO..................215
- CAPÍTULO 50: EL ÉXITO COMO ESTILO DE VIDA: INTEGRANDO TUS METAS FINANCIERAS EN TU COTIDIANIDAD..................219

Capítulo 1: Desbloqueando el Potencial Financiero

El potencial financiero no es solo una cuestión de ingresos y ahorros, sino también de mentalidad, conocimientos y habilidades. Para desbloquear nuestro verdadero potencial financiero, es crucial comprender cómo estos factores interactúan y cómo podemos desarrollarlos para alcanzar nuestras metas económicas. En este capítulo, exploraremos las diversas dimensiones del potencial financiero, cómo identificar y superar obstáculos, y las estrategias prácticas para maximizar nuestras capacidades económicas.

Comprendiendo el Potencial Financiero

El potencial financiero es la capacidad de generar, gestionar y multiplicar recursos económicos para alcanzar la seguridad y la libertad financiera. Este potencial se basa en varios pilares fundamentales:

Pilares del Potencial Financiero

1. **Conocimientos Financieros**: Comprender los conceptos básicos de finanzas personales, inversiones, y planificación financiera.
2. **Habilidades de Gestión**: Desarrollar habilidades prácticas para gestionar ingresos, gastos, ahorros e inversiones de manera efectiva.
3. **Mentalidad Positiva**: Adoptar una mentalidad de crecimiento y abundancia que permita aprovechar oportunidades y superar desafíos.
4. **Red de Apoyo**: Construir una red de relaciones que ofrezcan apoyo, conocimientos y oportunidades de crecimiento financiero.

Autoevaluación del Potencial Financiero

El primer paso para desbloquear nuestro potencial financiero es realizar una autoevaluación honesta de nuestra situación actual. Esto implica analizar nuestras fortalezas, debilidades, oportunidades y amenazas en relación con nuestras finanzas personales.

Pasos para la Autoevaluación

1. **Análisis de Ingresos y Gastos**: Revisar nuestras fuentes de ingresos y patrones de gasto para identificar áreas de mejora.
2. **Evaluación de Ahorros e Inversiones**: Examinar nuestros ahorros e inversiones para asegurarnos de que están alineados con nuestras metas financieras.
3. **Revisión de Deudas**: Evaluar nuestras deudas y desarrollar un plan para gestionarlas y reducirlas.
4. **Identificación de Habilidades y Conocimientos**: Reconocer nuestras fortalezas y áreas de mejora en términos de conocimientos y habilidades financieras.
5. **Análisis de la Mentalidad**: Reflexionar sobre nuestras actitudes y creencias en relación con el dinero y la riqueza.

Superando Obstáculos al Potencial Financiero

Existen numerosos obstáculos que pueden impedirnos alcanzar nuestro potencial financiero. Estos obstáculos pueden ser internos (como creencias limitantes y falta de conocimientos) o externos (como circunstancias económicas y falta de oportunidades).

Obstáculos Internos

1. **Creencias Limitantes**: Pensamientos negativos y autolimitantes sobre el dinero y nuestras capacidades para gestionarlo.
2. **Miedo al Riesgo**: Temor a asumir riesgos financieros necesarios para el crecimiento y la inversión.
3. **Procrastinación**: Postergación de decisiones y acciones importantes para nuestras finanzas.

Obstáculos Externos

1. **Circunstancias Económicas**: Factores macroeconómicos que afectan nuestras finanzas, como la inflación y el desempleo.
2. **Falta de Oportunidades**: Dificultad para acceder a oportunidades de empleo, educación o inversión.
3. **Red de Apoyo Limitada**: Falta de una red de contactos que puedan ofrecer apoyo y consejos financieros.

Estrategias para Desbloquear el Potencial Financiero

Para desbloquear nuestro potencial financiero, debemos adoptar una serie de estrategias prácticas que nos permitan superar los obstáculos y maximizar nuestras capacidades económicas.

Desarrollo de Conocimientos Financieros

1. **Educación Financiera**: Participar en cursos, talleres y seminarios sobre finanzas personales e inversiones.
2. **Lectura y Aprendizaje**: Leer libros, artículos y blogs sobre finanzas para mantenerse informado y actualizado.
3. **Asesoramiento Profesional**: Consultar con asesores financieros para recibir orientación personalizada y experta.

Cambio de Mentalidad

1. **Adoptar una Mentalidad de Crecimiento**: Creer en la capacidad de mejorar nuestras habilidades y conocimientos financieros a través del esfuerzo y la perseverancia.
2. **Practicar la Gratitud y la Abundancia**: Enfocarse en las oportunidades y recursos disponibles, en lugar de las limitaciones y carencias.
3. **Visualización Positiva**: Imaginar escenarios de éxito financiero y cómo se sentirán al alcanzarlos.

Construcción de una Red de Apoyo

1. **Networking**: Participar en eventos y comunidades relacionadas con las finanzas para conocer personas con intereses similares.
2. **Mentoría**: Buscar mentores que puedan ofrecer orientación y apoyo en nuestro camino hacia el éxito financiero.
3. **Colaboración**: Colaborar con otros en proyectos y oportunidades de inversión para aprovechar el conocimiento y los recursos colectivos.

Prácticas Diarias para Desbloquear el Potencial Financiero

Incorporar prácticas diarias que fomenten el crecimiento financiero es crucial para desbloquear nuestro potencial.

Autoafirmaciones Positivas

1. **Afirmaciones Diarias**: Repetir afirmaciones positivas sobre nuestras capacidades financieras cada mañana.
2. **Visualización Positiva**: Imaginar escenarios de éxito financiero y cómo se sentirán al alcanzarlos.

Educación y Aprendizaje Continuo

1. **Lectura Diaria**: Dedicar tiempo cada día a leer sobre finanzas y desarrollo personal.
2. **Participación en Comunidades**: Unirse a comunidades y foros en línea para compartir conocimientos y experiencias.

Gestión Activa de Finanzas

1. **Revisión de Presupuesto**: Revisar y ajustar el presupuesto regularmente para asegurarnos de que estamos en el camino correcto.
2. **Seguimiento de Inversiones**: Monitorizar nuestras inversiones y realizar ajustes según sea necesario.

Conclusión

Desbloquear el potencial financiero es un viaje continuo que requiere autoevaluación, superación de obstáculos y adopción de estrategias efectivas. Al desarrollar nuestros conocimientos financieros, mejorar nuestras habilidades de gestión, adoptar una mentalidad positiva y construir una red de apoyo, podemos maximizar nuestras capacidades económicas y alcanzar nuestras metas financieras. El éxito financiero no es solo una cuestión de cuánto ganamos, sino de cómo gestionamos y multiplicamos nuestros recursos para crear una vida de seguridad, libertad y realización personal.

Capítulo 2: Las Barreras Invisibles: Identificando tus Obstáculos Internos

Las barreras invisibles son obstáculos internos que nos impiden alcanzar nuestro máximo potencial. A menudo son sutiles, enraizadas en nuestras creencias, pensamientos y emociones, y pueden ser difíciles de identificar y superar. Este capítulo se enfoca en comprender qué son estas barreras invisibles, cómo se manifiestan y cómo podemos identificarlas y eliminarlas para desbloquear nuestro verdadero potencial.

¿Qué son las Barreras Invisibles?

Las barreras invisibles son limitaciones internas que afectan nuestra capacidad para actuar, decidir y avanzar en nuestras metas. Estas barreras pueden ser de naturaleza psicológica, emocional o cognitiva y, a menudo, operan de manera inconsciente. Son autoimpuestas y, por lo tanto, requieren introspección y autoevaluación para ser reconocidas y abordadas.

Tipos Comunes de Barreras Invisibles

1. **Miedo al Fracaso**: El temor a cometer errores o no alcanzar el éxito deseado.
2. **Miedo al Éxito**: El temor a las consecuencias del éxito, como mayores responsabilidades o expectativas.
3. **Perfeccionismo**: La necesidad de hacer todo de manera perfecta, lo que puede llevar a la parálisis por análisis.
4. **Síndrome del Impostor**: La creencia de que no merecemos nuestro éxito y que seremos descubiertos como un "fraude".
5. **Autoestima Baja**: La percepción negativa de nuestras habilidades y valor propio.
6. **Procrastinación**: El hábito de posponer tareas importantes, a menudo debido a la ansiedad o la falta de confianza.
7. **Diálogo Interno Negativo**: Pensamientos críticos y autodestructivos que minan nuestra confianza y motivación.

Cómo se Forman las Barreras Invisibles

Las barreras invisibles se forman a través de nuestras experiencias de vida, influencias externas y patrones de pensamiento. Pueden ser el resultado de eventos traumáticos, críticas repetidas, expectativas culturales o sociales, y la internalización de mensajes negativos.

Factores Contribuyentes

1. **Experiencias Pasadas**: Fracasos, rechazos y experiencias traumáticas pueden generar miedo y dudas.
2. **Críticas y Juicios Externos**: Comentarios negativos de figuras de autoridad, familiares y amigos pueden influir en nuestra autoimagen.
3. **Condicionamiento Social y Cultural**: Las normas y expectativas de la sociedad pueden establecer límites sobre lo que creemos que es posible.
4. **Autoevaluación Negativa**: La tendencia a enfocarnos en nuestras fallas y debilidades en lugar de nuestras fortalezas y logros.

Identificación de las Barreras Invisibles

El primer paso para superar las barreras invisibles es identificarlas. Esto requiere auto-reflexión, honestidad y, a menudo, la disposición para confrontar aspectos incómodos de nosotros mismos.

Técnicas para Identificar Barreras Invisibles

1. **Auto-Observación**: Prestar atención a nuestros pensamientos, emociones y comportamientos. ¿Qué patrones recurrentes podemos identificar?
2. **Escribir un Diario**: Anotar nuestros pensamientos y sentimientos puede ayudar a revelar barreras subyacentes.
3. **Evaluación de Metas No Alcanzadas**: Reflexionar sobre las metas que no hemos logrado y las razones detrás de ello.
4. **Buscar Retroalimentación**: Pedir a personas de confianza que compartan sus observaciones sobre nuestros comportamientos y actitudes.

5. **Ejercicios de Visualización**: Imaginar escenarios de éxito y fracaso para identificar miedos y ansiedades ocultas.

Estrategias para Superar las Barreras Invisibles

Una vez identificadas, podemos trabajar en superar estas barreras mediante diversas estrategias y técnicas.

Cambio de Perspectiva

1. **Reformular Pensamientos**: Transformar pensamientos negativos en positivos. Por ejemplo, cambiar "No puedo hacerlo" por "Puedo intentarlo y aprender en el proceso".
2. **Cuestionar Creencias**: Preguntarnos si nuestras creencias son realmente ciertas y buscar evidencia que las desafíe.
3. **Adoptar una Mentalidad de Crecimiento**: Creer que nuestras habilidades y talentos pueden desarrollarse con esfuerzo y perseverancia.

Desarrollo de la Autoeficacia

1. **Establecer Metas Alcanzables**: Fijar objetivos pequeños y alcanzables para construir confianza y demostrar que podemos tener éxito.
2. **Celebrar Logros**: Reconocer y celebrar nuestros éxitos, sin importar cuán pequeños sean.

Prácticas de Mindfulness y Meditación

1. **Mindfulness**: Practicar la atención plena para estar conscientes de nuestros pensamientos y emociones sin juzgarlos.
2. **Meditación**: Utilizar técnicas de meditación para calmar la mente y reducir la influencia de pensamientos negativos.

Prácticas Diarias para Romper Barreras Invisibles

Incorporar prácticas diarias que fomenten una mentalidad positiva y desafíen las barreras invisibles es crucial para el crecimiento personal continuo.

Autoafirmaciones Positivas

1. **Afirmaciones Diarias**: Repetir afirmaciones positivas cada mañana para establecer un tono optimista para el día.
2. **Visualización Positiva**: Imaginar escenarios de éxito y cómo se sentirán al alcanzarlos puede aumentar la motivación y la autoconfianza.

Reflexión y Autoevaluación

1. **Escribir un Diario**: Mantener un diario donde se reflexione sobre los pensamientos y desafíos diarios para identificar y desafiar barreras invisibles.
2. **Feedback Constructivo**: Buscar retroalimentación regular de personas de confianza para obtener perspectivas y ajustar creencias.

Conclusión

Las barreras invisibles son limitaciones poderosas que pueden restringir nuestro potencial y mantenernos en la mediocridad. Sin embargo, al identificar y desafiar estas barreras, podemos liberar nuestro verdadero potencial y alcanzar nuestras metas. Superar las barreras invisibles requiere una combinación de auto-reflexión, cambio de perspectiva, y prácticas continuas de auto-mejora. Con el enfoque y las herramientas adecuadas, podemos romper los esquemas mentales que nos limitan y alcanzar niveles más altos de éxito y realización personal.

Capítulo 3: Creencias Limitantes: Rompiendo los Esquemas Mentales

Las creencias limitantes son pensamientos y convicciones profundamente arraigadas que nos impiden alcanzar nuestro máximo potencial. Estas creencias, a menudo inconscientes, actúan como barreras mentales que restringen nuestras acciones, decisiones y posibilidades. En este capítulo, exploraremos qué son las creencias limitantes, cómo se forman, y cómo podemos identificarlas y superarlas para liberar nuestro verdadero potencial.

¿Qué son las Creencias Limitantes?

Las creencias limitantes son ideas o pensamientos que nos autolimitan, a menudo manifestándose en formas de dudas sobre nuestras habilidades, miedo al fracaso o la creencia de que no somos merecedores del éxito. Estas creencias pueden ser específicas (relacionadas con una habilidad particular) o generales (afectando nuestra autoimagen y autoestima en general).

Tipos Comunes de Creencias Limitantes

1. **Creencias sobre la Autoimagen**: "No soy lo suficientemente bueno", "No merezco el éxito".
2. **Creencias sobre las Habilidades**: "No soy inteligente", "No tengo talento para esto".
3. **Creencias sobre las Oportunidades**: "No hay oportunidades para mí", "Es demasiado tarde para cambiar".
4. **Creencias sobre el Dinero**: "El dinero es la raíz de todos los males", "No puedo ganar mucho dinero".
5. **Creencias sobre las Relaciones**: "No soy digno de ser amado", "Las relaciones siempre terminan mal".

Formación de las Creencias Limitantes

Las creencias limitantes se forman a lo largo de la vida a través de experiencias personales, influencias externas y mensajes internalizados. Estas pueden ser resultado de:

Experiencias Pasadas

1. **Fracasos y Rechazos**: Experiencias negativas pueden llevarnos a creer que no somos capaces o merecedores de éxito.
2. **Críticas y Juicios**: Comentarios críticos de personas significativas (padres, maestros, amigos) pueden influir en cómo nos vemos a nosotros mismos.

Influencias Externas

1. **Condicionamiento Social**: Las normas y expectativas sociales pueden moldear nuestras creencias sobre lo que es posible o adecuado.
2. **Medios de Comunicación**: Los mensajes de los medios sobre éxito, belleza, y capacidad pueden establecer estándares irreales y limitantes.

Auto-Reflexión y Mensajes Internos

1. **Diálogo Interno Negativo**: Las narrativas internas negativas repetidas pueden reforzar creencias limitantes.
2. **Perfeccionismo**: La búsqueda de la perfección puede generar una autocrítica constante y creencias de insuficiencia.

Identificación de las Creencias Limitantes

Para superar las creencias limitantes, primero debemos identificarlas. Este proceso requiere auto-reflexión y honestidad.

Técnicas para Identificar Creencias Limitantes

1. **Auto-Observación**: Prestar atención a nuestros pensamientos y lenguaje. Frases como "no puedo", "nunca", y "siempre" pueden ser indicativos de creencias limitantes.
2. **Buscar Feedback**: Pedir retroalimentación de personas de confianza puede ofrecer perspectivas sobre nuestras creencias limitantes.

3. **Reflexión sobre Fracasos**: Analizar experiencias pasadas y cómo reaccionamos a ellas puede revelar creencias subyacentes.

Superación de las Creencias Limitantes

Una vez identificadas, podemos trabajar en superar las creencias limitantes mediante diversas estrategias y técnicas.

Cambio de Perspectiva

1. **Reformular Pensamientos**: Transformar pensamientos negativos en positivos. Por ejemplo, cambiar "No soy bueno en esto" por "Estoy aprendiendo y mejorando cada día".
2. **Cuestionar Creencias**: Preguntarnos si nuestras creencias son realmente ciertas y buscar evidencia que las desafíe.
3. **Adoptar una Mentalidad de Crecimiento**: Creer que nuestras habilidades y talentos pueden desarrollarse con esfuerzo y perseverancia.

Desarrollo de la Autoeficacia

1. **Establecer Metas Alcanzables**: Fijar objetivos pequeños y alcanzables para construir confianza y demostrar que podemos tener éxito.
2. **Celebrar Logros**: Reconocer y celebrar nuestros éxitos, sin importar cuán pequeños sean.
3. **Buscar Aprendizaje Continuo**: Invertir en nuestra educación y desarrollo personal para mejorar nuestras habilidades y conocimientos.

Prácticas Diarias para Romper Esquemas Mentales

Incorporar prácticas diarias que fomenten una mentalidad positiva y desafíen las creencias limitantes es crucial para el crecimiento personal continuo.

Autoafirmaciones Positivas

1. **Afirmaciones Diarias**: Repetir afirmaciones positivas cada mañana para establecer un tono optimista para el día.
2. **Visualización Positiva**: Imaginar escenarios de éxito y cómo se sentirán al alcanzarlos puede aumentar la motivación y la autoconfianza.

Reflexión y Autoevaluación

1. **Escribir un Diario**: Mantener un diario donde se reflexione sobre los pensamientos y desafíos diarios para identificar y desafiar creencias limitantes.
2. **Feedback Constructivo**: Buscar retroalimentación regular de personas de confianza para obtener perspectivas y ajustar creencias.

Conclusión

Las creencias limitantes son barreras poderosas que pueden restringir nuestro potencial y mantenernos en la mediocridad. Sin embargo, al identificar y desafiar estas creencias, podemos liberar nuestro verdadero potencial y alcanzar nuestras metas. Superar las creencias limitantes requiere una combinación de auto-reflexión, cambio de perspectiva, y prácticas continuas de auto-mejora. Con el enfoque y las herramientas adecuadas, podemos romper los esquemas mentales que nos limitan y alcanzar niveles más altos de éxito y realización personal.

Capítulo 4: El Poder de la Autoimagen: Cómo Influimos en Nuestro Éxito Financiero

La autoimagen es la percepción que tenemos de nosotros mismos, incluyendo nuestras habilidades, capacidades y valor. Esta percepción no solo afecta nuestra autoestima y bienestar emocional, sino que también juega un papel crucial en nuestro éxito financiero. En este capítulo, exploraremos cómo la autoimagen influye en nuestras decisiones y comportamientos financieros, y cómo podemos mejorar nuestra autoimagen para alcanzar el éxito económico.

Comprendiendo la Autoimagen

La autoimagen es una combinación de creencias, sentimientos y percepciones que tenemos sobre nosotros mismos. Se forma a lo largo de la vida a través de nuestras experiencias, influencias externas y reflexiones internas. La autoimagen puede ser positiva o negativa, y afecta directamente cómo nos vemos y cómo creemos que los demás nos ven.

Componentes de la Autoimagen

1. **Autoestima**: La valoración general que tenemos de nosotros mismos.
2. **Autoeficacia**: La creencia en nuestra capacidad para realizar tareas y alcanzar metas.
3. **Autoaceptación**: La capacidad de aceptarnos a nosotros mismos con nuestras fortalezas y debilidades.
4. **Autoconcepto**: Las ideas y percepciones sobre quiénes somos y qué somos capaces de lograr.

La Autoimagen y el Éxito Financiero

La autoimagen influye en todas las áreas de nuestra vida, incluyendo nuestras finanzas. Una autoimagen positiva puede llevarnos a tomar decisiones financieras más arriesgadas pero potencialmente más rentables, mientras que una autoimagen negativa puede limitar nuestras oportunidades y mantenernos en situaciones financieras menos favorables.

Impactos Positivos

1. **Confianza en la Toma de Decisiones**: Una autoimagen positiva aumenta la confianza para tomar decisiones financieras importantes y asumir riesgos calculados.
2. **Proactividad en la Búsqueda de Oportunidades**: Las personas con una buena autoimagen tienden a buscar activamente oportunidades de inversión y crecimiento financiero.
3. **Resiliencia ante los Contratiempos**: Una autoimagen sólida ayuda a recuperarse de los fracasos financieros y aprender de los errores.

Impactos Negativos

1. **Miedo al Riesgo**: Una autoimagen negativa puede llevar a evitar riesgos financieros, perdiendo oportunidades de crecimiento.
2. **Autolimitaciones**: Las creencias limitantes sobre nuestras capacidades pueden impedirnos buscar mejores empleos, pedir aumentos salariales o iniciar negocios propios.
3. **Comportamientos Autodestructivos**: La baja autoestima puede llevar a comportamientos financieros autodestructivos, como el gasto impulsivo o la falta de planificación financiera.

Mejorando la Autoimagen para el Éxito Financiero

Mejorar nuestra autoimagen es fundamental para lograr el éxito financiero. Esto implica trabajar en nuestra autoestima, autoeficacia y autoconcepto para desarrollar una percepción más positiva de nosotros mismos.

Estrategias para Mejorar la Autoimagen

1. **Autoevaluación Positiva**
   - **Identificar Fortalezas**: Hacer una lista de nuestras fortalezas y logros puede ayudarnos a reconocer nuestro valor y capacidad.
   - **Celebrar Logros**: Celebrar incluso los pequeños éxitos financieros puede reforzar una autoimagen positiva.
2. **Desarrollo de Habilidades**
   - **Educación Financiera**: Aprender sobre finanzas personales e inversiones puede aumentar nuestra confianza en la toma de decisiones financieras.
   - **Capacitación Profesional**: Desarrollar habilidades profesionales y obtener certificaciones puede mejorar nuestra percepción de autoeficacia y abrir nuevas oportunidades financieras.
3. **Establecimiento de Metas Realistas**
   - **Definir Metas Claras**: Establecer metas financieras claras y alcanzables nos proporciona un sentido de propósito y dirección.
   - **Planificación y Seguimiento**: Crear un plan financiero y hacer un seguimiento regular de nuestro progreso puede mantenernos motivados y enfocados.
4. **Practicar la Autoaceptación**
   - **Aceptar Errores**: Reconocer que todos cometemos errores y que estos son oportunidades de aprendizaje puede reducir la autocrítica.
   - **Cuidar de la Salud Mental**: Practicar técnicas de manejo del estrés y cuidar nuestra salud mental es crucial para mantener una autoimagen positiva.

La Influencia de la Autoimagen en el Comportamiento Financiero

Nuestra autoimagen no solo afecta nuestras decisiones financieras, sino también nuestros comportamientos y hábitos relacionados con el dinero.

Comportamientos Proactivos

1. **Ahorro y Planificación**: Una autoimagen positiva nos motiva a ahorrar e invertir de manera regular, planificando para el futuro.
2. **Toma de Riesgos Calculados**: La confianza en nuestras capacidades nos permite asumir riesgos calculados que pueden generar mayores retornos.
3. **Negociación y Autoafirmación**: Sentirnos valiosos nos da la confianza para negociar salarios, precios y condiciones financieras favorables.

Comportamientos Reactivos

1. **Evitación del Riesgo**: La duda sobre nuestras capacidades puede llevarnos a evitar inversiones y oportunidades de crecimiento.
2. **Gasto Impulsivo**: La baja autoestima puede desencadenar el gasto impulsivo como una forma de autoafirmación o alivio del estrés.
3. **Falta de Planificación**: Una autoimagen negativa puede llevar a la falta de planificación financiera, resultando en inestabilidad y problemas económicos a largo plazo.

Prácticas Diarias para Fortalecer la Autoimagen

Incorporar prácticas diarias que fortalezcan nuestra autoimagen puede tener un impacto significativo en nuestra vida financiera.

Autoafirmaciones Diarias

1. **Afirmaciones Positivas**: Repetir afirmaciones positivas sobre nuestras capacidades y valor puede reforzar una autoimagen positiva.
2. **Visualización del Éxito**: Imaginar escenarios de éxito financiero y cómo nos sentiremos al alcanzarlos puede aumentar la motivación y la autoconfianza.

Conclusión

La autoimagen es una fuerza poderosa que influye en todas las áreas de nuestra vida, incluyendo nuestras finanzas. Al trabajar en mejorar nuestra autoimagen, podemos tomar decisiones financieras más acertadas, asumir riesgos calculados y aprovechar las oportunidades de crecimiento. El éxito financiero no solo se trata de estrategias y conocimientos, sino también de creer en nosotros mismos y en nuestras capacidades. Con una autoimagen positiva, podemos transformar nuestras vidas y alcanzar nuestros objetivos económicos y personales.

Capítulo 5: La Zona de Confort: ¿Amiga o Enemiga?

La zona de confort es un concepto crucial en el desarrollo personal y profesional. Es el espacio mental y emocional en el que nos sentimos seguros y cómodos, sin experimentar estrés ni ansiedad. Sin embargo, quedarse demasiado tiempo en esta zona puede limitar nuestro crecimiento y potencial. En este capítulo, exploraremos en profundidad qué es la zona de confort, sus ventajas y desventajas, y cómo podemos aprender a salir de ella para alcanzar nuestros objetivos y desarrollar nuestras capacidades.

¿Qué es la Zona de Confort?

La zona de confort es un estado psicológico donde las actividades y comportamientos encajan en una rutina y patrón que minimiza el estrés y el riesgo. En esta zona, nos sentimos seguros y en control. Es un lugar donde predominan la familiaridad y la rutina, y donde no hay desafíos significativos que provoquen ansiedad.

Características de la Zona de Confort

1. **Rutina y Familiaridad**: Las actividades diarias son predecibles y repetitivas.
2. **Ausencia de Riesgos**: Se evita la incertidumbre y las situaciones nuevas o desafiantes.
3. **Bajo Nivel de Estrés**: Las tareas y actividades no generan ansiedad ni incomodidad significativa.
4. **Sensación de Control**: Nos sentimos en control de nuestras circunstancias y resultados.

Ventajas de la Zona de Confort

Estar en la zona de confort tiene sus beneficios, especialmente en términos de bienestar emocional y estabilidad.

Beneficios

1. **Reducción del Estrés**: La familiaridad y la previsibilidad ayudan a reducir el estrés y la ansiedad.
2. **Estabilidad Emocional**: Proporciona una sensación de seguridad y estabilidad emocional.
3. **Eficiencia y Productividad**: Las tareas familiares se realizan de manera más eficiente y con menos esfuerzo.
4. **Recuperación y Descanso**: Ofrece un espacio para recuperarse después de enfrentar desafíos y estrés.

Desventajas de la Zona de Confort

Aunque la zona de confort puede ser un refugio seguro, permanecer en ella durante demasiado tiempo puede tener consecuencias negativas.

Limitaciones

1. **Estancamiento Personal y Profesional**: No se adquieren nuevas habilidades ni se experimenta crecimiento personal o profesional.
2. **Pérdida de Oportunidades**: Se evitan las oportunidades de desarrollo y avance que requieren salir de la rutina.
3. **Falta de Innovación y Creatividad**: La monotonía puede inhibir la creatividad y la capacidad para innovar.
4. **Dependencia y Miedo al Cambio**: Se puede desarrollar una dependencia de la familiaridad y un miedo creciente al cambio y la incertidumbre.

El Equilibrio entre Confort y Crecimiento

Para maximizar nuestro potencial, es crucial encontrar un equilibrio entre la comodidad de la zona de confort y la necesidad de enfrentar nuevos desafíos. Este equilibrio nos permite disfrutar de la estabilidad mientras buscamos activamente oportunidades de crecimiento.

Estrategias para Mantener el Equilibrio

1. **Expandir Gradualmente la Zona de Confort**: Introducir pequeños cambios y desafíos puede ayudar a ampliar gradualmente nuestra zona de confort.
2. **Establecer Metas Progresivas**: Fijar metas a corto plazo que requieran salir ligeramente de la zona de confort, avanzando progresivamente hacia objetivos más grandes.
3. **Buscar Feedback y Reflexionar**: Pedir retroalimentación y reflexionar sobre las experiencias fuera de la zona de confort puede ayudar a ajustar y mejorar nuestras estrategias.

Cómo Salir de la Zona de Confort

Salir de la zona de confort puede ser intimidante, pero con la preparación y el enfoque adecuados, es posible hacerlo de manera efectiva y beneficiosa.

Preparación Mental y Emocional

1. **Aceptar el Miedo y la Incomodidad**: Reconocer que el miedo y la incomodidad son parte del crecimiento y que son señales de progreso.
2. **Visualización Positiva**: Imaginar el éxito y los beneficios de enfrentar nuevos desafíos puede aumentar la motivación y reducir la ansiedad.
3. **Practicar la Resiliencia**: Desarrollar la capacidad de recuperarse de los contratiempos y aprender de los fracasos.

Prácticas Diarias para Salir de la Zona de Confort

Incorporar prácticas diarias que nos empujen fuera de la zona de confort puede fomentar un crecimiento continuo.

Ejercicio Regular

1. **Probar Nuevas Rutinas de Ejercicio**: Cambiar la rutina de ejercicios para incluir nuevas actividades puede desafiar el cuerpo y la mente.

2. **Participar en Deportes de Equipo**: Involucrarse en deportes de equipo puede fomentar habilidades sociales y trabajo en equipo, además de proporcionar un desafío físico.

Salir de la Rutina Social

1. **Conocer Nuevas Personas**: Asistir a eventos sociales o unirse a grupos puede ampliar la red de contactos y ofrecer nuevas perspectivas.
2. **Voluntariado**: Involucrarse en actividades de voluntariado puede proporcionar experiencias nuevas y significativas, además de contribuir positivamente a la comunidad.

Reflexión y Ajuste Continuo

La reflexión regular sobre nuestras experiencias fuera de la zona de confort es crucial para ajustar y mejorar nuestras estrategias de crecimiento.

Conclusión

La zona de confort puede ser tanto una amiga como una enemiga. Mientras que proporciona seguridad y estabilidad, también puede limitar nuestro crecimiento y potencial si permanecemos en ella demasiado tiempo. Al aprender a reconocer cuándo estamos atrapados en nuestra zona de confort y al implementar estrategias para salir de ella, podemos aprovechar su valor y al mismo tiempo buscar el crecimiento y la realización personal. El equilibrio entre comodidad y desafío es clave para una vida plena y exitosa, y con la actitud y herramientas adecuadas, podemos lograrlo.

Capítulo 6: El Miedo al Fracaso: Transformándolo en Motivación

El miedo al fracaso es una emoción poderosa que puede paralizar y limitar nuestro potencial. Sin embargo, también puede ser una fuente de energía y motivación si aprendemos a gestionarlo adecuadamente. En este capítulo, exploraremos cómo identificar, enfrentar y transformar el miedo al fracaso en una fuerza impulsora para el éxito.

Entendiendo el Miedo al Fracaso

El miedo al fracaso es una respuesta emocional común que surge ante la posibilidad de no alcanzar nuestras metas o expectativas. Este miedo puede manifestarse de diferentes maneras, como la procrastinación, la evitación de riesgos, la auto-sabotaje o la falta de confianza en uno mismo.

Causas del Miedo al Fracaso

1. **Experiencias Pasadas**: Fracasos previos pueden dejar cicatrices emocionales que generan miedo a repetir los mismos errores.
2. **Expectativas Externas**: Las presiones sociales, familiares o profesionales pueden aumentar el temor al fracaso al sentir que no queremos decepcionar a los demás.
3. **Perfeccionismo**: Las personas con tendencias perfeccionistas a menudo tienen un miedo exacerbado al fracaso porque buscan estándares irrealmente altos.

Reconociendo los Signos del Miedo al Fracaso

Para transformar el miedo al fracaso en motivación, primero debemos reconocer cómo se manifiesta en nuestras vidas. Algunos signos comunes incluyen:

1. **Procrastinación**: Posponer tareas importantes por miedo a no cumplir con las expectativas.

2. **Autocrítica Excesiva**: Juzgarse duramente y enfocarse en las debilidades en lugar de las fortalezas.
3. **Parálisis por Análisis**: Pasar demasiado tiempo planificando y evaluando opciones sin tomar acción.
4. **Evitar Desafíos**: Rechazar oportunidades que impliquen riesgos para evitar la posibilidad de fracasar.

Estrategias para Enfrentar el Miedo al Fracaso

Una vez que hemos identificado el miedo al fracaso en nuestras vidas, podemos empezar a implementar estrategias para enfrentarlo y transformarlo en una fuente de motivación.

Cambio de Perspectiva

1. **Reconceptualizar el Fracaso**: Ver el fracaso como una oportunidad de aprendizaje y crecimiento en lugar de una derrota final.
2. **Aceptar la Imperfección**: Reconocer que nadie es perfecto y que los errores son parte del proceso de mejora continua.
3. **Fijar Expectativas Realistas**: Establecer metas alcanzables y entender que el camino hacia el éxito a menudo incluye contratiempos.

Desarrollo de Resiliencia

1. **Practicar la Auto-Compasión**: Ser amable con uno mismo y entender que todos cometemos errores.
2. **Desarrollar una Mentalidad de Crecimiento**: Creer que las habilidades y la inteligencia pueden desarrollarse con esfuerzo y dedicación.
3. **Aprender de los Fracasos**: Analizar los errores para identificar lecciones valiosas y aplicar ese conocimiento en el futuro.

Conclusión

El miedo al fracaso es una emoción natural, pero no debe ser una barrera que nos impida alcanzar nuestras metas. Al entender sus causas y manifestaciones, y al aplicar estrategias para enfrentarlo, podemos transformar ese miedo en una fuente de motivación y crecimiento. Cada fracaso es una oportunidad para aprender y mejorar, y con la actitud y las herramientas adecuadas, podemos utilizar el miedo al fracaso como un motor para el éxito.

Capítulo 7: El Arte de la Negociación: Superando la Timidez

La negociación es una habilidad esencial en prácticamente todos los aspectos de la vida, desde las relaciones personales hasta el mundo profesional. Sin embargo, para muchas personas, la idea de negociar puede ser intimidante, especialmente si sufren de timidez. La buena noticia es que la negociación es una habilidad que se puede aprender y mejorar con la práctica. En este capítulo, exploraremos las estrategias y técnicas para superar la timidez y convertirnos en negociadores efectivos.

La Naturaleza de la Timidez

Antes de abordar las estrategias específicas de negociación, es importante entender qué es la timidez y cómo puede afectar nuestras interacciones. La timidez es una respuesta emocional que provoca incomodidad y aprensión en situaciones sociales, y puede ser causada por una combinación de factores genéticos, ambientales y experiencias personales. Las personas tímidas a menudo sienten un fuerte miedo al juicio y la crítica, lo que puede inhibir su capacidad para expresarse con confianza.

Preparación: La Clave del Éxito

La preparación es fundamental para cualquier negociación exitosa, pero es especialmente crucial para aquellos que se sienten tímidos. Sentirse bien preparado puede aumentar tu confianza y ayudarte a manejar mejor cualquier situación.

1. **Investiga y Reúne Información**: Conoce a fondo el tema de la negociación. Esto incluye investigar sobre la otra parte, sus intereses y posibles puntos de acuerdo.
2. **Establece Objetivos Claros**: Define tus metas y prioridades antes de la negociación. Saber lo que quieres lograr te dará una dirección clara.
3. **Practica Escenarios**: Ensaya diferentes escenarios de negociación con un amigo o mentor. Practicar respuestas a

posibles objeciones puede prepararte para enfrentar situaciones difíciles.

Estrategias de Comunicación

La comunicación efectiva es esencial en la negociación. Para las personas tímidas, aprender y practicar habilidades de comunicación puede ayudar a superar la ansiedad.

1. **Lenguaje Corporal Asertivo**: Mantén una postura abierta y segura, haz contacto visual y utiliza gestos para enfatizar tus puntos. La forma en que te presentas puede influir en cómo los demás te perciben.
2. **Escucha Activa**: Presta atención a lo que dice la otra parte y demuestra que estás escuchando. Esto no solo ayuda a construir una buena relación, sino que también te permite entender mejor sus necesidades y puntos de vista.
3. **Uso del Silencio**: No tengas miedo de usar el silencio como herramienta. Tomarte un momento para pensar antes de responder puede demostrar que estás considerando seriamente la propuesta de la otra parte.

Manejo del Miedo y la Ansiedad

La ansiedad es una barrera común en la negociación para las personas tímidas. Afortunadamente, hay técnicas que pueden ayudarte a manejar y reducir estos sentimientos.

1. **Respiración Profunda**: Técnicas de respiración pueden ayudar a calmar los nervios y reducir la ansiedad. Intenta inhalar profundamente por la nariz, sostener la respiración por unos segundos y exhalar lentamente por la boca.
2. **Visualización Positiva**: Antes de la negociación, visualiza un resultado positivo y cómo te sentirás al lograr tus objetivos. Esta técnica puede ayudar a mejorar tu actitud y confianza.
3. **Exposición Gradual**: Enfrentar situaciones de negociación menos intimidantes gradualmente puede ayudarte a aumentar tu tolerancia a la ansiedad y mejorar tus habilidades.

Estableciendo Relaciones de Confianza

Una de las mejores maneras de superar la timidez en la negociación es construir relaciones de confianza con la otra parte. Cuando existe un buen nivel de confianza, es más fácil comunicarse abierta y honestamente.

1. **Empatía y Comprensión**: Mostrar empatía hacia la otra parte puede ayudar a construir una relación de confianza. Trata de entender sus necesidades y preocupaciones y demuestra que valoras su perspectiva.
2. **Transparencia**: Ser honesto y claro sobre tus propios intereses y limitaciones puede fomentar un ambiente de confianza y cooperación.
3. **Construcción de Rapport**: Encuentra puntos en común y utiliza el humor y la amabilidad para construir una relación positiva con la otra parte.

Adaptabilidad y Flexibilidad

La negociación a menudo implica adaptarse a circunstancias cambiantes y ser flexible en tus enfoques. Para las personas tímidas, desarrollar esta adaptabilidad puede ser un desafío, pero también es una oportunidad para crecer.

1. **Mantén la Mente Abierta**: Estar dispuesto a considerar diferentes opciones y enfoques puede ayudarte a encontrar soluciones creativas y mutuamente beneficiosas.
2. **Negociación Colaborativa**: En lugar de ver la negociación como una competencia, abórdala como una colaboración donde ambas partes trabajan juntas para encontrar la mejor solución.
3. **Gestión de Concesiones**: Aprende a ceder en áreas menos importantes para obtener lo que realmente valoras. Esta estrategia puede facilitar un acuerdo satisfactorio para ambas partes.

Reflexión y Mejora Continua

Después de cada negociación, tómate un tiempo para reflexionar sobre lo que funcionó bien y lo que podría mejorarse. Esta autoevaluación continua es crucial para el crecimiento y desarrollo de tus habilidades de negociación.

1. **Análisis Post-Negociación**: Revisa los puntos clave de la negociación y evalúa qué estrategias fueron efectivas y cuáles no lo fueron.
2. **Feedback Externo**: Pide a un mentor o colega su opinión sobre tu desempeño. La retroalimentación externa puede ofrecerte perspectivas valiosas.
3. **Plan de Mejora**: Desarrolla un plan para mejorar tus habilidades basado en tus reflexiones y el feedback recibido. Esto puede incluir más práctica, lectura sobre técnicas de negociación o incluso tomar un curso.

Conclusión

Superar la timidez y convertirse en un negociador efectivo es un proceso que requiere tiempo, práctica y perseverancia. Al reconocer tu valor personal, prepararte adecuadamente, comunicarte efectivamente y manejar tu ansiedad, puedes desarrollar las habilidades necesarias para negociar con confianza. Recuerda que cada negociación es una oportunidad para aprender y crecer. Con el tiempo y la práctica, puedes convertirte en un maestro del arte de la negociación, capaz de superar la timidez y lograr tus objetivos.

Capítulo 8: La Disciplina Financiera: Hábitos que Marcan la Diferencia

La riqueza y la estabilidad financiera no son simplemente el resultado de ingresos elevados o de inversiones inteligentes; son el fruto de una disciplina financiera sólida y constante. La disciplina financiera se construye a partir de pequeños hábitos diarios que, con el tiempo, marcan una gran diferencia en tu bienestar económico. Este capítulo explora la importancia de la disciplina financiera, cómo desarrollar hábitos que la fortalezcan y cómo estos hábitos pueden transformar tu vida.

Entendiendo la Disciplina Financiera

La disciplina financiera es la capacidad de gestionar tus finanzas de manera controlada y consciente, tomando decisiones informadas y alineadas con tus metas a largo plazo. No se trata solo de privarse de placeres inmediatos, sino de equilibrar el disfrute presente con la preparación para el futuro. La disciplina financiera implica planificación, autocontrol y una visión clara de tus objetivos económicos.

Imagina un jardín hermoso y bien cuidado. Para mantenerlo así, necesitas dedicar tiempo y esfuerzo regularmente: plantar, regar, podar y protegerlo de plagas. De la misma manera, tus finanzas requieren cuidado constante y atención a los detalles para florecer y prosperar. La disciplina financiera es el agua y el sol que alimentan el crecimiento de tu riqueza y estabilidad.

La Importancia de la Disciplina Financiera

Desarrollar y mantener la disciplina financiera es esencial por varias razones:

1. Seguridad y Estabilidad Financiera

La disciplina financiera te permite crear una base sólida de ahorros e inversiones que proporcionan seguridad y estabilidad en tiempos de incertidumbre. Te protege de las crisis financieras y te brinda la tranquilidad de saber que puedes enfrentar imprevistos sin comprometer tu bienestar.

2. Logro de Metas Financieras

Las metas financieras a largo plazo, como comprar una casa, pagar la educación de tus hijos o jubilarte cómodamente, requieren planificación y disciplina. Mantener hábitos financieros saludables te ayuda a avanzar consistentemente hacia estos objetivos y a alcanzarlos con éxito.

3. Reducción del Estrés

El estrés financiero puede afectar significativamente tu calidad de vida. La disciplina financiera reduce el estrés al proporcionarte un plan claro y un control sobre tus finanzas. Saber que estás tomando decisiones responsables y proactivas te permite vivir con mayor tranquilidad.

4. Desarrollo de Hábitos Positivos

La disciplina financiera fomenta hábitos positivos que se extienden a otras áreas de tu vida. La planificación, el autocontrol y la responsabilidad que desarrollas en tus finanzas pueden mejorar tu salud, tus relaciones y tu bienestar general.

Hábitos que Fortalecen la Disciplina Financiera

Desarrollar hábitos financieros saludables es esencial para mantener la disciplina a largo plazo. Aquí hay algunos hábitos que pueden marcar una diferencia significativa en tu vida financiera:

1. Ahorrar Consistentemente

El ahorro regular es un pilar de la disciplina financiera. Establece el hábito de ahorrar una parte de tus ingresos cada mes, independientemente de cuánto ganes. Este hábito te proporciona un colchón financiero y te permite acumular riqueza con el tiempo.

2. Gastar con Prudencia

El control del gasto es fundamental para la disciplina financiera. Practica la prudencia en tus gastos, diferenciando entre necesidades y deseos. Evita las compras impulsivas y busca maneras de reducir gastos innecesarios.

3. Invertir a Largo Plazo

La inversión a largo plazo es una estrategia efectiva para construir riqueza. Establece el hábito de invertir regularmente en el mercado de valores, bienes raíces u otros vehículos de inversión. La paciencia y la consistencia en la inversión te permiten aprovechar el crecimiento compuesto y aumentar tu patrimonio.

4. Mantener un Fondo de Emergencia

Un fondo de emergencia es esencial para la estabilidad financiera. Ahorra de tres a seis meses de gastos esenciales para cubrir posibles crisis. Este fondo te brinda seguridad y te permite enfrentar imprevistos sin endeudarte.

5. Revisar y Evaluar Regularmente tus Finanzas

La revisión regular de tus finanzas es un hábito crucial para mantener la disciplina. Revisa tus ingresos, gastos, ahorros e inversiones periódicamente para asegurarte de que estás en el camino correcto. Ajusta tus planes según sea necesario para mantener el control y avanzar hacia tus metas.

El Impacto de la Disciplina Financiera en tu Vida

La disciplina financiera no solo transforma tu situación económica, sino que también tiene un impacto positivo en otras áreas de tu vida. Aquí hay algunas maneras en que la disciplina financiera puede mejorar tu bienestar general:

1. Mayor Tranquilidad y Confianza

La seguridad de saber que tienes control sobre tus finanzas y un plan claro para el futuro te brinda una mayor tranquilidad y confianza. Esta seguridad reduce el estrés y te permite disfrutar más de la vida.

2. Capacidad para Aprovechar Oportunidades

La disciplina financiera te proporciona los recursos y la flexibilidad para aprovechar nuevas oportunidades. Ya sea una inversión lucrativa, un emprendimiento o una oportunidad educativa, la estabilidad financiera te permite tomar decisiones audaces y calculadas.

3. Fortalecimiento de Relaciones

La estabilidad financiera y la disciplina también pueden fortalecer tus relaciones personales. La transparencia y la planificación financiera conjunta con tu pareja o familia fomentan la confianza y el trabajo en equipo, mejorando la comunicación y la armonía en el hogar.

4. Desarrollo Personal y Profesional

La disciplina financiera te enseña habilidades valiosas como la planificación, el autocontrol y la toma de decisiones. Estas habilidades no solo mejoran tu situación económica, sino que también se aplican a tu desarrollo personal y profesional, abriéndote puertas a nuevas oportunidades y logros.

Conclusión:

Adopta la Disciplina Financiera y Transforma tu Vida

La disciplina financiera es una herramienta poderosa que puede transformar tu vida y llevarte a la riqueza y la estabilidad. Al adoptar hábitos financieros saludables y mantener un enfoque constante en tus metas, puedes construir una base sólida para el éxito financiero a largo plazo.

El viaje hacia la disciplina financiera requiere compromiso, esfuerzo y paciencia. Cada pequeño paso que tomas fortalece tu capacidad para gestionar tus finanzas y te acerca un poco más a tus objetivos. Con el tiempo, verás cómo tu dedicación y constancia dan frutos y te permiten vivir con mayor seguridad y prosperidad.

Imagina un futuro donde cada decisión financiera, por pequeña que sea, contribuya a tu bienestar y éxito a largo plazo. Este futuro está a tu alcance, y comienza con la decisión de adoptar la disciplina financiera.

Así que, adopta hábitos

Capítulo 9: El Efecto Acumulativo: Pequeños Pasos hacia la Riqueza

La construcción de la riqueza no es un evento aislado, sino un proceso continuo de decisiones y acciones pequeñas que, con el tiempo, se suman para crear resultados significativos. Este es el poder del efecto acumulativo: la idea de que pequeños pasos consistentes pueden llevarnos a grandes logros. En este capítulo, exploraremos cómo el efecto acumulativo puede transformar tu vida financiera y cómo adoptar este enfoque puede conducirte a la riqueza y la prosperidad.

Entendiendo el Efecto Acumulativo

El efecto acumulativo se basa en la premisa de que las pequeñas acciones repetidas consistentemente a lo largo del tiempo pueden tener un impacto mucho mayor que un solo gran esfuerzo. Esta idea se aplica a muchas áreas de la vida, pero es especialmente poderosa en las finanzas personales. Ahorrar un poco cada día, invertir regularmente, y gastar con prudencia son ejemplos de cómo las pequeñas decisiones pueden acumularse para crear una base sólida de riqueza.

Imagina una gota de agua cayendo sobre una roca. La gota, por sí sola, parece insignificante, pero con el tiempo, su acción constante puede moldear y cambiar la forma de la roca. De la misma manera, nuestras pequeñas acciones diarias pueden parecer triviales, pero con el tiempo, pueden transformar nuestra vida financiera de manera significativa.

Los Beneficios del Efecto Acumulativo

Adoptar el enfoque del efecto acumulativo en tus finanzas personales ofrece numerosos beneficios que pueden mejorar tu bienestar financiero y tu calidad de vida:

1. Facilidad y Simplicidad

Pequeños pasos son más fáciles de implementar y mantener en el tiempo. En lugar de hacer cambios drásticos que pueden ser difíciles de sostener, el efecto acumulativo se basa en acciones simples y manejables que se integran en tu rutina diaria.

2. Menor Riesgo

Tomar pequeños pasos reduce el riesgo asociado con grandes inversiones o decisiones financieras importantes. Esto te permite probar diferentes estrategias y ajustar tu enfoque según sea necesario sin comprometer tu estabilidad financiera.

3. Motivación Continua

El progreso constante, aunque sea pequeño, te motiva a seguir adelante. Cada pequeño logro refuerza tu compromiso y te anima a continuar trabajando hacia tus metas financieras.

4. Construcción de Hábitos Positivos

Las acciones pequeñas y repetidas ayudan a formar hábitos positivos que pueden durar toda la vida. Estos hábitos se convierten en la base de una gestión financiera efectiva y sostenible.

Estrategias para Aplicar el Efecto Acumulativo

Aplicar el efecto acumulativo a tus finanzas requiere un enfoque consciente y un compromiso con la consistencia. Aquí hay algunas estrategias clave para ayudarte a empezar:

1. Ahorra Regularmente

El ahorro es una de las formas más efectivas de aprovechar el efecto acumulativo. Incluso pequeñas cantidades ahorradas regularmente pueden crecer significativamente con el tiempo gracias al interés compuesto. Establece un hábito de ahorro automático, dedicando una parte de tus ingresos cada mes a una cuenta de ahorros o inversión.

2. Invierte a Largo Plazo

Las inversiones a largo plazo son una poderosa aplicación del efecto acumulativo. Invierte regularmente en el mercado de valores, fondos de inversión o bienes raíces. Con el tiempo, estas inversiones pueden crecer y generar rendimientos compuestos que aumentan tu riqueza.

3. Gasta con Prudencia

El control del gasto es esencial para maximizar el efecto acumulativo. Realiza un seguimiento de tus gastos y busca maneras de reducir gastos innecesarios. Cada pequeña cantidad ahorrada puede ser redirigida hacia el ahorro o la inversión, potenciando el crecimiento de tu riqueza.

4. Educa y Mejora Continuamente tus Habilidades Financieras

La educación continua es clave para aprovechar el efecto acumulativo en tus finanzas. Lee libros, asiste a talleres y sigue aprendiendo sobre gestión financiera y oportunidades de inversión. El conocimiento acumulado te permitirá tomar decisiones más informadas y efectivas.

5. Establece Metas Claras y Medibles

Establecer metas claras y medibles te ayuda a mantener el enfoque y la motivación. Divide tus metas financieras en pequeños objetivos alcanzables y celebra cada logro en el camino. Esto refuerza tu compromiso y te impulsa a seguir avanzando.

El Impacto del Efecto Acumulativo en tu Vida Financiera

El poder del efecto acumulativo no solo se manifiesta en el crecimiento de tu riqueza, sino también en la transformación de tu vida financiera en general. Aquí hay algunas maneras en que el efecto acumulativo puede impactar positivamente tus finanzas:

1. Crecimiento del Patrimonio

Las pequeñas contribuciones regulares al ahorro y la inversión pueden llevar a un crecimiento significativo de tu patrimonio neto a lo largo del tiempo. Esto te proporciona una mayor seguridad financiera y la capacidad de alcanzar tus metas a largo plazo.

2. Reducción de la Deuda

El enfoque del efecto acumulativo también se aplica a la reducción de la deuda. Realizar pagos adicionales pequeños pero consistentes puede acelerar el proceso de amortización de la deuda, ahorrándote intereses y liberando recursos para otras áreas financieras.

3. Mejora de la Estabilidad Financiera

La acumulación de pequeños ahorros y la reducción de gastos innecesarios mejoran tu estabilidad financiera. Te brindan un colchón financiero para enfrentar imprevistos y te permiten vivir con mayor tranquilidad y confianza.

4. Aumento de las Oportunidades

Al fortalecer tu situación financiera a través del efecto acumulativo, abres la puerta a nuevas oportunidades. Tienes la capacidad de invertir en nuevos proyectos, emprender, o aprovechar oportunidades de negocio que de otro modo no serían posibles.

Conclusión:

Aprovechando el Poder del Efecto Acumulativo

El efecto acumulativo es una herramienta poderosa que puede transformar tu vida financiera. Al adoptar pequeños pasos consistentes en ahorro, inversión y gasto prudente, puedes construir una base sólida de riqueza y alcanzar tus metas financieras.

El viaje hacia la riqueza a través del efecto acumulativo requiere paciencia, disciplina y compromiso. Cada pequeño paso que tomas te acerca un poco más a tus objetivos y fortalece tu situación financiera. Con el tiempo, verás cómo tus esfuerzos acumulados dan frutos y te permiten vivir con mayor seguridad y prosperidad.

Imagina un futuro donde cada decisión financiera, por pequeña que sea, contribuya a tu bienestar y éxito a largo plazo. Este futuro está a tu alcance, y comienza con la decisión de aprovechar el poder del efecto acumulativo.

Así que, da esos pequeños pasos hoy, mantén la consistencia y observa cómo tu vida financiera se transforma para mejor. La riqueza y la prosperidad que deseas están a tu alcance, y el efecto acumulativo es el camino para llegar allí.

Capítulo 10: La Resiliencia Económica: Adaptándonos a los Cambios

La vida está llena de cambios e incertidumbres. En el ámbito financiero, las crisis y las fluctuaciones del mercado son inevitables, y nuestra capacidad para adaptarnos a estos cambios define nuestra resiliencia económica. Este capítulo explora la importancia de la resiliencia económica, cómo desarrollarla y cómo adaptarnos de manera efectiva a los desafíos financieros.

Comprendiendo la Resiliencia Económica

La resiliencia económica es la capacidad de soportar y recuperarse de los impactos financieros adversos. No se trata solo de tener recursos suficientes, sino de tener la mentalidad y las estrategias adecuadas para enfrentar las dificultades y salir más fuertes. La resiliencia económica implica preparación, flexibilidad y una actitud positiva ante los desafíos.

Imagina un roble firme en medio de una tormenta. Sus raíces profundas le permiten mantenerse en pie mientras el viento sopla con fuerza. De la misma manera, la resiliencia económica te permite enfrentar las tormentas financieras con fortaleza y determinación, asegurándote de que puedes soportar las dificultades y seguir avanzando.

La Importancia de la Resiliencia Económica

La resiliencia económica es esencial para la estabilidad y el bienestar financiero. Aquí hay algunas razones por las que es crucial desarrollar esta habilidad:

1. Capacidad para Enfrentar Crisis

Las crisis financieras pueden surgir de diversas fuentes, como pérdidas de empleo, emergencias médicas o recesiones económicas. La resiliencia económica te permite enfrentar estas crisis con un plan y la confianza de que puedes recuperarte.

2. Reducción del Estrés y la Ansiedad

Saber que estás preparado para enfrentar desafíos financieros reduce el estrés y la ansiedad. La seguridad de tener un plan y recursos disponibles te permite enfrentar las dificultades con una mente clara y enfocada.

3. Flexibilidad y Adaptabilidad

La resiliencia económica te brinda la flexibilidad y la adaptabilidad necesarias para ajustarte a las circunstancias cambiantes. Te permite aprovechar nuevas oportunidades y adaptarte rápidamente a los cambios del mercado.

4. Fortalecimiento de la Confianza Financiera

Al superar desafíos financieros, tu confianza en tu capacidad para manejar tus finanzas aumenta. Esta confianza te impulsa a tomar decisiones más informadas y a asumir riesgos calculados que pueden llevarte al éxito.

Estrategias para Desarrollar Resiliencia Económica

Desarrollar resiliencia económica requiere un enfoque proactivo y estrategias bien definidas. Aquí hay algunas claves para ayudarte a construir esta habilidad esencial:

1. Crear un Fondo de Emergencia

Un fondo de emergencia es un pilar fundamental de la resiliencia económica. Ahorra de tres a seis meses de gastos esenciales para cubrir posibles crisis. Este fondo te proporcionará un colchón financiero en momentos de necesidad y te permitirá enfrentar emergencias sin recurrir a deudas.

2. Diversificar tus Ingresos

Dependiendo de una sola fuente de ingresos puede ser riesgoso. Busca maneras de diversificar tus ingresos, ya sea a través de un segundo empleo, inversiones, negocios secundarios o freelancing. La diversificación reduce el impacto de la pérdida de ingresos y aumenta tu estabilidad financiera.

3. Educarte Financiera y Profesionalmente

La educación continua es clave para la resiliencia económica. Mantente actualizado en temas financieros y desarrolla habilidades profesionales que te hagan más valioso en el mercado laboral. La educación te brinda las herramientas y el conocimiento necesarios para adaptarte a los cambios y aprovechar nuevas oportunidades.

4. Mantener un Presupuesto Flexibles

Un presupuesto flexible te permite ajustarte rápidamente a los cambios en tus ingresos y gastos. Revisa y ajusta tu presupuesto regularmente para asegurarte de que se adapta a tus circunstancias actuales. Esto te permitirá controlar tus finanzas y tomar decisiones informadas en momentos de cambio.

5. Invertir en Seguro y Protección

Protege tu bienestar financiero invirtiendo en seguros adecuados, como seguro de salud, seguro de vida y seguro de propiedad. Estos seguros te proporcionan una red de seguridad en caso de imprevistos y te ayudan a manejar los costos asociados con emergencias.

El Papel de la Mentalidad en la Resiliencia Económica

La resiliencia económica no se trata solo de estrategias y recursos; también depende de tu mentalidad. Aquí hay algunas actitudes y enfoques que pueden fortalecer tu resiliencia:

1. Mentalidad Positiva y Proactiva

Una mentalidad positiva te permite ver los desafíos como oportunidades para aprender y crecer. Enfrenta las dificultades con una actitud proactiva y busca soluciones en lugar de enfocarte en los problemas.

2. Adaptabilidad y Flexibilidad

La capacidad de adaptarse a nuevas circunstancias es esencial para la resiliencia. Mantén una mente abierta y está dispuesto a ajustar tus planes según sea necesario. La flexibilidad te permitirá enfrentar los cambios con mayor facilidad y aprovechar nuevas oportunidades.

3. Perseverancia y Determinación

La perseverancia es clave para superar los desafíos financieros. Mantén la determinación de seguir adelante, incluso en momentos difíciles. La resiliencia económica requiere esfuerzo constante y la disposición de aprender de los errores y fracasos.

Conclusión: Fortaleciendo tu Resiliencia Económica

La resiliencia económica es una habilidad esencial en un mundo lleno de incertidumbres. Al adoptar estrategias proactivas, cultivar una mentalidad positiva y contar con una red de apoyo, puedes fortalecer tu capacidad para enfrentar y superar los desafíos financieros.

El camino hacia la resiliencia económica es un viaje continuo de aprendizaje y adaptación. Cada desafío que enfrentas te brinda la oportunidad de crecer y mejorar. Con dedicación y esfuerzo, puedes construir una base sólida que te permita no solo resistir las tormentas financieras, sino también prosperar en medio de ellas.

Imagina un futuro donde cada desafío financiero sea una oportunidad para demostrar tu fortaleza y capacidad de adaptación. Este futuro está a tu alcance, y comienza con la decisión de desarrollar tu resiliencia económica.

Así que, abraza la resiliencia, adopta una mentalidad proactiva y construye la fortaleza necesaria para enfrentar cualquier desafío que la vida te presente. La seguridad y la estabilidad financiera que deseas están a tu alcance, y la resiliencia económica es el camino para llegar allí.

Capítulo 11: La Mentalidad de Abundancia: Atrayendo Oportunidades

La manera en que pensamos y percibimos el mundo tiene un impacto profundo en nuestras vidas. La mentalidad de abundancia es una perspectiva que nos abre a un mundo de posibilidades, permitiéndonos atraer oportunidades y alcanzar nuestros sueños. Este capítulo explora el poder de la mentalidad de abundancia y cómo adoptar esta perspectiva puede transformar tu vida financiera y personal.

Entendiendo la Mentalidad de Abundancia

La mentalidad de abundancia es la creencia de que hay suficiente para todos, que el mundo está lleno de oportunidades y recursos. Contrasta con la mentalidad de escasez, que se centra en la falta y la limitación, creyendo que los recursos son finitos y que uno debe competir para obtener su parte. La mentalidad de abundancia nos permite ver el potencial en cada situación y nos motiva a buscar y aprovechar las oportunidades.

Imagina despertar cada día con la certeza de que el mundo está lleno de posibilidades esperando ser descubiertas. Imagina enfrentar cada desafío con la confianza de que puedes superarlo y salir más fuerte. Esta es la esencia de la mentalidad de abundancia: un enfoque positivo y expansivo que te empodera para crear la vida que deseas.

Los Beneficios de una Mentalidad de Abundancia

Adoptar una mentalidad de abundancia ofrece numerosos beneficios que pueden mejorar tu vida financiera y personal:

1. Atracción de Oportunidades

Cuando tienes una mentalidad de abundancia, estás más abierto a ver y aprovechar las oportunidades. Crees en tu capacidad para crear y atraer éxito, lo que te motiva a tomar acciones que pueden llevarte a nuevas y emocionantes posibilidades.

2. Reducción del Estrés y la Ansiedad

La mentalidad de abundancia te ayuda a mantener una perspectiva positiva y a enfocarte en lo que tienes, en lugar de lo que te falta. Esto reduce el estrés y la ansiedad, permitiéndote vivir con más tranquilidad y confianza.

3. Fomento de la Generosidad y la Colaboración

La creencia en la abundancia fomenta la generosidad y la colaboración. Cuando crees que hay suficiente para todos, estás más dispuesto a compartir tus recursos y a colaborar con otros, creando relaciones más fuertes y enriquecedoras.

4. Impulso del Crecimiento Personal

La mentalidad de abundancia te impulsa a crecer y mejorar continuamente. Te motiva a buscar el aprendizaje y el desarrollo personal, sabiendo que siempre hay más por descubrir y alcanzar.

Estrategias para Cultivar una Mentalidad de Abundancia

Adoptar una mentalidad de abundancia requiere práctica y esfuerzo consciente. Aquí hay algunas estrategias para ayudarte a desarrollar esta perspectiva poderosa:

1. Practica la Gratitud

La gratitud es una herramienta poderosa para cultivar una mentalidad de abundancia. Dedica tiempo cada día para reflexionar sobre las cosas por las que estás agradecido. Esto te ayudará a enfocarte en lo positivo y a reconocer la abundancia en tu vida.

2. Cambia tu Lenguaje y Pensamiento

Presta atención a tu lenguaje y pensamiento. Reemplaza las palabras y frases negativas con afirmaciones positivas. En lugar de decir "No puedo", di "Estoy trabajando en ello". En lugar de pensar "Nunca tendré suficiente", piensa "Estoy en el camino de alcanzar mis metas".

3. Rodeate de Personas Positivas

Las personas con las que te rodeas tienen un impacto significativo en tu mentalidad. Busca relaciones con personas que compartan una mentalidad de abundancia y que te inspiren a crecer y mejorar. Evita la influencia de aquellos que constantemente se enfocan en la escasez y la negatividad.

4. Busca Oportunidades para Aprender y Crecer

Invierte en tu crecimiento personal y profesional. Asiste a talleres, cursos y conferencias que te ayuden a desarrollar nuevas habilidades y conocimientos. La búsqueda constante de aprendizaje te mantendrá motivado y abierto a nuevas oportunidades.

5. Visualiza el Éxito

La visualización es una técnica poderosa para atraer la abundancia. Dedica tiempo cada día para imaginar tus metas y sueños como si ya se hubieran realizado. Visualiza los detalles, siente las emociones y cree en la posibilidad de que tus sueños se hagan realidad.

El Impacto de una Mentalidad de Abundancia en tus Finanzas

Adoptar una mentalidad de abundancia puede tener un impacto significativo en tus finanzas. Aquí hay algunas maneras en que esta perspectiva puede transformar tu vida financiera:

1. Mejora la Toma de Decisiones Financieras

La mentalidad de abundancia te permite tomar decisiones financieras con confianza y visión a largo plazo. En lugar de actuar por miedo o escasez, tomas decisiones basadas en oportunidades y crecimiento.

2. Aumento de la Capacidad de Ahorro e Inversión

Cuando crees en la abundancia, estás más dispuesto a ahorrar e invertir para el futuro. Ves el potencial de crecimiento y estás dispuesto a tomar acciones que te lleven a una mayor prosperidad.

3. Fomento de la Generación de Ingresos

La mentalidad de abundancia te motiva a buscar nuevas formas de generar ingresos. Te inspira a emprender, a buscar oportunidades de negocio y a innovar en tu carrera profesional.

Conclusión: Abriendo las Puertas a la Abundancia

La mentalidad de abundancia es una poderosa herramienta que puede transformar tu vida financiera y personal. Al adoptar esta perspectiva, te abres a un mundo de posibilidades y oportunidades que pueden llevarte a alcanzar tus sueños.

El viaje hacia una mentalidad de abundancia comienza con pequeños pasos. Practica la gratitud, cambia tu lenguaje y pensamiento, rodéate de personas positivas y busca constantemente el aprendizaje y el crecimiento. Con el tiempo, verás cómo esta perspectiva transforma tu vida, atrayendo oportunidades y permitiéndote vivir con más confianza y propósito.

Imagina un futuro donde cada día esté lleno de posibilidades, donde cada desafío sea una oportunidad para crecer y donde la abundancia sea una realidad constante en tu vida. Este futuro está a tu alcance, y comienza con la decisión de adoptar una mentalidad de abundancia.

Así que, abraza la abundancia, cree en tus capacidades y abre las puertas a un mundo lleno de oportunidades. La vida que deseas y mereces está esperando a ser creada por ti.

Capítulo 12: La Gestión del Tiempo: Priorizando tus Metas Financieras

El tiempo es el recurso más valioso que poseemos. A diferencia del dinero, que puede ganarse y perderse, el tiempo solo avanza, inmutable y constante. Cada día nos enfrentamos a una cantidad limitada de horas, y cómo decidimos utilizarlas puede determinar nuestro éxito o fracaso en la vida. En el ámbito financiero, la gestión del tiempo es esencial para alcanzar nuestras metas y construir un futuro próspero. Este capítulo explora la importancia de gestionar el tiempo de manera efectiva y cómo priorizar nuestras metas financieras para maximizar nuestro potencial.

La Importancia de la Gestión del Tiempo

La gestión del tiempo es más que una habilidad; es una filosofía de vida. Es el arte de planificar y controlar cómo invertimos nuestro tiempo para lograr nuestras metas. En un mundo lleno de distracciones y demandas constantes, la capacidad de enfocarnos en lo que realmente importa es crucial. La gestión del tiempo nos permite ser más productivos, reducir el estrés y avanzar con propósito hacia nuestras metas financieras.

Imagina un día en el que cada minuto esté alineado con tus objetivos, un día en el que cada tarea que realizas te acerque un poco más a la libertad financiera. Este es el poder de la gestión del tiempo: la capacidad de transformar nuestras vidas al tomar control de nuestro recurso más valioso.

Priorizando tus Metas Financieras

Para gestionar el tiempo de manera efectiva, primero debemos tener claridad sobre nuestras metas financieras. ¿Qué es lo que realmente queremos lograr? ¿Cuáles son nuestras prioridades? Al establecer metas claras y específicas, podemos enfocar nuestro tiempo y energía en actividades que nos acerquen a esos objetivos.

1. Establecer Metas Claras y Alcanzables

El primer paso para priorizar tus metas financieras es establecer objetivos claros y alcanzables. Esto incluye definir lo que deseas lograr a corto, mediano y largo plazo. Por ejemplo, tus metas a corto plazo podrían incluir pagar deudas o crear un fondo de emergencia, mientras que tus metas a largo plazo podrían ser comprar una casa o ahorrar para la jubilación.

2. Dividir las Metas en Tareas Más Pequeñas

Una vez que hayas definido tus metas, divídelas en tareas más pequeñas y manejables. Esto facilita la planificación y te permite abordar tus objetivos paso a paso. Por ejemplo, si tu meta es ahorrar $10,000 en un año, puedes dividir esta meta en ahorros mensuales de aproximadamente $833.

3. Asignar Prioridades a las Tareas

No todas las tareas son igualmente importantes. Asigna prioridades a cada tarea según su impacto en tus metas financieras. Utiliza métodos como la matriz de Eisenhower, que te ayuda a categorizar las tareas según su urgencia e importancia. Enfócate primero en las tareas que son tanto urgentes como importantes.

4. Crear un Horario Estructurado

Un horario estructurado es esencial para la gestión del tiempo. Dedica bloques específicos de tiempo a las tareas prioritarias y asegúrate de seguir tu horario con disciplina. Utiliza herramientas como calendarios digitales, aplicaciones de gestión del tiempo y listas de tareas para mantenerte organizado y enfocado.

Estrategias para una Gestión del Tiempo Efectiva

La gestión del tiempo es una habilidad que puede desarrollarse con práctica y compromiso. Aquí hay algunas estrategias clave para ayudarte a maximizar tu tiempo y priorizar tus metas financieras:

1. Elimina las Distracciones

Las distracciones son uno de los mayores obstáculos para una gestión del tiempo efectiva. Identifica las principales fuentes de distracción en tu vida y encuentra maneras de minimizarlas. Esto podría incluir establecer límites en el uso de las redes sociales, crear un espacio de trabajo libre de distracciones o utilizar técnicas de enfoque como el método Pomodoro.

2. Establece Hábitos y Rutinas

Los hábitos y las rutinas son poderosos aliados en la gestión del tiempo. Establece rutinas diarias y semanales que incluyan tiempo para trabajar en tus metas financieras. Los hábitos consistentes, como revisar tu presupuesto semanalmente o dedicar tiempo a la educación financiera, pueden tener un impacto significativo a largo plazo.

3. Utiliza Herramientas de Gestión del Tiempo

Aprovecha las herramientas de gestión del tiempo disponibles para ayudarte a mantenerte organizado y productivo. Aplicaciones como Todoist, Trello y Google Calendar pueden ayudarte a planificar, rastrear y priorizar tus tareas. Encuentra las herramientas que mejor se adapten a tu estilo de trabajo y úsalas regularmente.

4. Aprende a Decir No

Parte de la gestión del tiempo efectiva es aprender a decir no a las tareas y compromisos que no se alinean con tus metas. Esto puede ser difícil, pero es esencial para proteger tu tiempo y energía. Evalúa cada solicitud y compromiso según su impacto en tus objetivos y no tengas miedo de rechazar lo que no te ayude a avanzar.

El Impacto de la Gestión del Tiempo en tus Finanzas

La gestión del tiempo no solo mejora tu productividad; también tiene un impacto directo en tus finanzas. Al priorizar tus metas financieras y dedicar tiempo a actividades que te acerquen a esos objetivos, puedes lograr un progreso significativo y sostenible. Aquí hay algunas maneras en que la gestión del tiempo puede transformar tus finanzas:

1. Aumento de la Productividad Financiera

Al enfocar tu tiempo en tareas que apoyan tus metas financieras, puedes aumentar tu productividad y eficiencia. Esto incluye actividades como la planificación y el seguimiento del presupuesto, la investigación de oportunidades de inversión y la búsqueda de formas de aumentar tus ingresos.

2. Reducción del Estrés Financiero

Una buena gestión del tiempo reduce el estrés financiero al darte una mayor sensación de control y organización. Cuando sabes que estás dedicando tiempo a tus finanzas de manera regular y efectiva, puedes sentirte más seguro y tranquilo acerca de tu futuro financiero.

3. Avance Hacia la Libertad Financiera

La gestión del tiempo te permite hacer un progreso constante hacia la libertad financiera. Al establecer y seguir un horario estructurado para trabajar en tus metas, puedes construir un futuro financiero más sólido y alcanzar tus objetivos a largo plazo.

Conclusión: Tiempo y Finanzas en Armonía

El tiempo y las finanzas están intrínsecamente conectados. La manera en que gestionamos nuestro tiempo puede tener un impacto profundo en nuestra capacidad para alcanzar nuestras metas financieras. Al priorizar nuestras metas y utilizar estrategias efectivas de gestión del tiempo, podemos maximizar nuestro potencial y construir un futuro más próspero y seguro.

La gestión del tiempo no es una tarea que se logra de la noche a la mañana; es un viaje continuo de aprendizaje y adaptación. Pero con dedicación y compromiso, puedes tomar control de tu tiempo y usarlo como una herramienta poderosa para alcanzar tus sueños y metas financieras.

Imagina un futuro donde cada día esté alineado con tus objetivos, donde cada tarea te acerque un paso más a la libertad financiera. Este futuro está a tu alcance, y comienza con la decisión de gestionar tu tiempo de manera efectiva y priorizar lo que realmente importa. Así que, toma el control de tu tiempo, enfócate en tus metas y comienza a construir el futuro financiero que deseas.

Capítulo 13: La Red de Apoyo: Construyendo Relaciones Estratégicas

La vida es un viaje que no se recorre en solitario. Cada paso que damos, cada decisión que tomamos, está influenciado por las personas que nos rodean. En el ámbito financiero, al igual que en otros aspectos de la vida, tener una red de apoyo sólida y estratégica puede marcar la diferencia entre el éxito y el fracaso. Este capítulo explora la importancia de construir relaciones estratégicas y cómo una red de apoyo puede ser fundamental para alcanzar tus metas financieras y personales.

El Valor de la Red de Apoyo

Una red de apoyo es mucho más que un grupo de personas que conoces; es un ecosistema de relaciones que te ofrecen orientación, recursos, motivación y respaldo en momentos de necesidad. En el mundo de las finanzas personales, una red de apoyo bien estructurada puede proporcionarte conocimientos valiosos, oportunidades únicas y el ánimo necesario para superar desafíos.

Imagina tener a tu lado a personas que no solo entienden tus sueños, sino que también están dispuestas a ayudarte a realizarlos. Imagina contar con expertos que pueden brindarte asesoría financiera, mentores que te guíen en tu carrera profesional, amigos que te animen a seguir adelante y familiares que te apoyen en cada paso del camino. Esta es la esencia de una red de apoyo: un círculo de relaciones estratégicas que te impulsa hacia el éxito.

Los Beneficios de una Red de Apoyo Estratégica

Las relaciones estratégicas ofrecen numerosos beneficios que pueden transformar tu vida financiera y personal. Aquí exploramos algunos de los más significativos:

1. Asesoría y Conocimiento Experto

Contar con personas que tienen experiencia y conocimientos en áreas clave puede ser un recurso invaluable. Asesores financieros, abogados, contadores y otros profesionales pueden ofrecerte orientación experta que te ayude a tomar decisiones informadas y estratégicas. Esta asesoría puede prevenir errores costosos y abrirte puertas a nuevas oportunidades.

2. Motivación y Apoyo Emocional

El camino hacia la estabilidad y el éxito financiero puede estar lleno de desafíos y obstáculos. En estos momentos, tener una red de apoyo que te ofrezca motivación y respaldo emocional puede ser crucial. Amigos y familiares que crean en ti y en tus metas pueden proporcionarte el ánimo necesario para perseverar, incluso en los momentos más difíciles.

3. Oportunidades de Crecimiento

Las relaciones estratégicas pueden abrirte puertas a oportunidades que de otra manera podrían haber permanecido cerradas. Contactos en el mundo empresarial, mentores en tu industria y colegas pueden presentarte a personas influyentes, recomendarte para proyectos importantes y ayudarte a avanzar en tu carrera.

4. Diversificación de Perspectivas

Una red de apoyo diversa te ofrece una variedad de perspectivas y enfoques. Esto puede enriquecer tu toma de decisiones al permitirte considerar diferentes puntos de vista y soluciones creativas. La diversidad en tu red de apoyo puede incluir personas de diferentes campos, edades, culturas y experiencias de vida.

Estrategias para Construir una Red de Apoyo Sólida

Construir una red de apoyo estratégica requiere tiempo, esfuerzo y autenticidad. Aquí hay algunas estrategias para ayudarte a desarrollar relaciones que te beneficiarán a largo plazo:

1. Identificar tus Necesidades y Metas

Antes de comenzar a construir tu red de apoyo, es importante tener claridad sobre tus necesidades y metas. ¿Qué tipo de asesoría y apoyo necesitas? ¿Cuáles son tus objetivos financieros y profesionales? Al tener una visión clara, puedes buscar relaciones que se alineen con tus metas y te proporcionen el apoyo necesario.

2. Participar en Comunidades y Redes Profesionales

Unirse a comunidades y redes profesionales es una excelente manera de conocer a personas con intereses y objetivos similares. Participa en asociaciones de tu industria, asiste a conferencias y eventos, y únete a grupos en línea que se centren en tus áreas de interés. Estas plataformas te permiten conectarte con personas influyentes y establecer relaciones valiosas.

3. Cultivar Relaciones con Autenticidad

Las relaciones estratégicas deben ser auténticas y mutuamente beneficiosas. Invierte tiempo en conocer a las personas, entender sus necesidades y ofrecer tu apoyo. La reciprocidad y la autenticidad son fundamentales para construir relaciones duraderas y significativas. Recuerda que una red de apoyo no se trata solo de recibir, sino también de dar.

4. Buscar Mentores y Modelos a Seguir

Identifica a personas que han logrado el éxito en áreas que te interesan y busca su mentoría. Los mentores pueden ofrecerte orientación valiosa, compartir sus experiencias y ayudarte a evitar errores comunes. La mentoría puede ser una relación formal o informal, pero siempre debe basarse en el respeto y la disposición para aprender.

5. Mantener y Nutrir tus Relaciones

Construir una red de apoyo es solo el primer paso; es igualmente importante mantener y nutrir estas relaciones. Mantén el contacto regular con las personas en tu red, ofréceles tu apoyo y muestra gratitud por su ayuda. Las relaciones fuertes y duraderas se basan en la comunicación constante y el respeto mutuo.

El Impacto de una Red de Apoyo en tu Vida Financiera

Una red de apoyo sólida puede tener un impacto significativo en tu vida financiera. Te proporciona acceso a conocimientos y recursos que pueden mejorar tu toma de decisiones, aumentar tus oportunidades de crecimiento y ayudarte a superar desafíos. Además, el respaldo emocional y la motivación que recibes de tu red de apoyo pueden impulsarte a alcanzar tus metas con mayor confianza y determinación.

Conclusión

La Fuerza de las Conexiones

En el viaje hacia la prosperidad financiera y personal, las conexiones humanas son esenciales. La red de apoyo que construyes a lo largo de tu vida puede ser uno de tus activos más valiosos. No subestimes el poder de las relaciones estratégicas y el impacto que pueden tener en tu éxito.

Cada persona en tu red de apoyo es una fuente potencial de inspiración, conocimiento y oportunidades. Al invertir en estas relaciones, no solo estás construyendo un círculo de apoyo, sino también un puente hacia un futuro más próspero y lleno de posibilidades.

Así que, ábrete a nuevas conexiones, cultiva tus relaciones existentes y busca siempre el crecimiento mutuo. La red de apoyo que construyas hoy será tu pilar de fuerza y resiliencia en el camino hacia tus sueños y metas.

Capítulo 14: El Poder de la Educación Financiera: Aprender para Prosperar

La educación es la llave que abre las puertas del conocimiento y la oportunidad. Desde una edad temprana, nos enseñan habilidades fundamentales como leer, escribir y calcular, habilidades que nos preparan para enfrentar el mundo. Pero hay un tipo de educación que, aunque crucial, a menudo se pasa por alto: la educación financiera. Este capítulo está dedicado a explorar el poder transformador de la educación financiera y cómo aprender sobre el manejo del dinero puede ser la clave para prosperar en todos los aspectos de la vida.

La Educación Financiera: Un Pilar Fundamental para la Vida

La educación financiera no es solo acerca de números y cuentas; es acerca de tomar control de tu futuro. Es entender cómo funciona el dinero, cómo ganarlo, cómo administrarlo y cómo hacerlo crecer. Es una herramienta esencial que empodera a las personas para tomar decisiones informadas y estratégicas que pueden mejorar su calidad de vida.

Imagina la sensación de libertad que viene con la certeza de que tus decisiones financieras están bien fundamentadas. Imagina la tranquilidad de saber que estás construyendo un futuro seguro para ti y tus seres queridos. Esta es la promesa de la educación financiera: la capacidad de transformar vidas a través del conocimiento y la acción.

La Falta de Educación Financiera: Un Obstáculo Común

En muchas partes del mundo, la educación financiera no es parte del currículo escolar estándar. Como resultado, muchos adultos entran en la vida laboral sin las habilidades necesarias para manejar sus finanzas de manera efectiva. Esta falta de conocimiento puede llevar a malas decisiones financieras, deudas innecesarias y una sensación constante de incertidumbre.

Los Beneficios de la Educación Financiera

Adquirir una sólida educación financiera ofrece una multitud de beneficios, no solo a nivel individual, sino también para la sociedad en general:

1. Tomar Decisiones Informadas

Con una buena educación financiera, tienes la capacidad de tomar decisiones informadas sobre cómo gastar, ahorrar e invertir tu dinero. Esto incluye todo, desde elegir el mejor préstamo para un coche hasta decidir cuándo y cómo invertir para la jubilación.

2. Fomento del Ahorro y la Inversión

La educación financiera te enseña la importancia del ahorro y la inversión. Aprendes a establecer metas financieras, a crear y seguir un presupuesto y a encontrar maneras efectivas de hacer crecer tu dinero. Este conocimiento te permite construir un colchón financiero y planificar para el futuro.

3. Protección contra Fraudes y Estafas

Con el conocimiento financiero adecuado, eres menos susceptible a fraudes y estafas. Entiendes cómo funcionan los productos financieros y puedes identificar las señales de advertencia de ofertas sospechosas o engañosas.

Estrategias para Adquirir Educación Financiera

El camino hacia la educación financiera es accesible y puede ser muy gratificante. Aquí hay algunas estrategias para comenzar:

1. Lectura de Libros y Artículos Financieros

Hay una gran cantidad de libros y artículos escritos por expertos en finanzas personales que pueden proporcionar valiosa información y consejos prácticos. Busca títulos que cubran desde los conceptos básicos hasta estrategias de inversión más avanzadas.

2. Cursos y Talleres Financieros

Muchos bancos, instituciones educativas y organizaciones sin fines de lucro ofrecen cursos y talleres sobre finanzas personales. Estos programas pueden abarcar una amplia gama de temas, desde la creación de un presupuesto hasta la planificación para la jubilación.

3. Utilización de Recursos en Línea

Internet es una mina de oro de información sobre finanzas personales. Existen numerosos blogs, podcasts y videos educativos que pueden ayudarte a entender mejor cómo manejar tu dinero.

4. Consultoría con Asesores Financieros

Un asesor financiero puede proporcionar asesoramiento personalizado y ayudarte a desarrollar un plan financiero que se adapte a tus necesidades y metas. Aunque puede haber un costo asociado, la inversión en asesoramiento profesional puede ser muy valiosa a largo plazo.

La Educación Financiera en la Comunidad

Promover la educación financiera a nivel comunitario también es crucial. Las escuelas y las organizaciones comunitarias pueden desempeñar un papel importante en la enseñanza de habilidades financieras desde una edad temprana. Al integrar la educación financiera en el currículo escolar, podemos equipar a las futuras generaciones con las herramientas necesarias para manejar sus finanzas de manera efectiva.

Conclusión: Aprender para Prosperar

El viaje hacia la prosperidad comienza con la educación. Al aprender sobre finanzas personales, te empoderas para tomar el control de tu vida y construir un futuro seguro y próspero. La educación financiera no solo te beneficia a ti; también tiene el poder de fortalecer a las comunidades y a la sociedad en su conjunto.

Imagina un mundo donde todos tengan acceso a la educación financiera y las herramientas necesarias para tomar decisiones informadas sobre su dinero. Un mundo donde la prosperidad no sea un privilegio de unos pocos, sino una posibilidad para todos. Este es el poder de la educación financiera: la capacidad de transformar vidas, una lección a la vez.

Nunca es tarde para comenzar tu educación financiera. Cada paso que des, cada lección que aprendas, te acercará un poco más a la libertad y la seguridad financiera. Así que, ármate de conocimiento, busca oportunidades para aprender y emprende el camino hacia un futuro lleno de posibilidades y prosperidad.

Capítulo 15: La Automatización: Simplificando tus Finanzas

La vida moderna es una sinfonía de responsabilidades y actividades. Desde el trabajo y la familia hasta los hobbies y los sueños personales, nuestro tiempo y energía están en constante demanda. En medio de esta orquesta de obligaciones, la gestión de las finanzas puede parecer una carga adicional, una serie de tareas interminables que requieren nuestra atención constante. Pero, ¿y si hubiera una manera de simplificar este aspecto crucial de nuestra vida? ¿Y si pudiéramos liberar nuestra mente y tiempo para enfocarnos en lo que realmente importa? La automatización de tus finanzas es la clave para lograrlo. Este capítulo te guiará en el proceso de automatizar tus finanzas, permitiéndote simplificar tu vida y alcanzar tus metas con mayor facilidad.

El Poder de la Automatización: Libertad y Tranquilidad

La automatización es como un director de orquesta invisible, que asegura que cada sección de tu sinfonía financiera funcione en armonía, sin necesidad de tu intervención constante. Es una herramienta poderosa que no solo simplifica tu vida, sino que también te brinda libertad y tranquilidad. Al automatizar tus finanzas, puedes establecer sistemas que trabajen a tu favor, incluso mientras duermes. Imagina un mundo donde tus facturas se pagan solas, tus ahorros crecen automáticamente y tus inversiones se manejan de manera eficiente. Este es el poder de la automatización.

La Base de la Automatización: Una Estrategia Bien Pensada

Antes de automatizar tus finanzas, es crucial tener una estrategia bien pensada. Debes tener claridad sobre tus objetivos financieros y un plan para alcanzarlos. Esto incluye entender tus ingresos, gastos, ahorros y metas a largo plazo. Una vez que tengas esta base sólida, puedes comenzar a construir tu sistema de automatización.

Estrategias para Automatizar tus Finanzas

Exploremos algunas estrategias clave para automatizar tus finanzas y simplificar tu vida:

1. Pagos Automáticos: Eliminando el Estrés de las Facturas

Uno de los primeros pasos para automatizar tus finanzas es configurar pagos automáticos para tus facturas recurrentes. Ya sea la renta, la hipoteca, los servicios públicos o las suscripciones, la automatización de estos pagos asegura que nunca te pierdas una fecha de vencimiento. Esto no solo te evita cargos por retraso, sino que también reduce el estrés y la carga mental asociada con recordar múltiples fechas de pago. Configura transferencias automáticas desde tu cuenta bancaria para que estas facturas se paguen puntualmente cada mes.

2. Ahorro Automático: Construyendo un Futuro Seguro

El ahorro automático es una de las maneras más efectivas de asegurar que siempre estés apartando dinero para tu futuro. Configura transferencias automáticas desde tu cuenta corriente a tu cuenta de ahorros justo después de recibir tu salario. Esto garantiza que estés ahorrando consistentemente, sin tener que pensar en ello. Incluso puedes automatizar ahorros adicionales para objetivos específicos, como un fondo de emergencia, unas vacaciones o la educación de tus hijos.

3. Inversiones Automatizadas: Haciendo Crecer tu Dinero

La inversión automatizada te permite hacer crecer tu dinero sin necesidad de monitorear constantemente el mercado. Muchas plataformas de inversión ofrecen servicios de inversión automatizada que ajustan tu cartera según tu perfil de riesgo y objetivos financieros. Puedes configurar contribuciones automáticas a estas cuentas de inversión, asegurando que estás invirtiendo regularmente y aprovechando el interés compuesto a lo largo del tiempo.

4. Presupuestos Automatizados: Manteniendo el Control

Mantener un presupuesto es esencial para una buena gestión financiera. Existen aplicaciones y herramientas que pueden ayudarte a automatizar tu presupuesto. Estas herramientas categorizan automáticamente tus gastos, rastrean tus ingresos y te proporcionan informes detallados sobre tus hábitos de gasto. Al automatizar tu presupuesto, puedes tener una visión clara de tus finanzas sin tener que dedicar horas a la contabilidad manual.

Cómo Empezar con la Automatización Financiera

Empezar con la automatización de tus finanzas no tiene por qué ser complicado. Aquí hay algunos pasos para ayudarte a comenzar:

1. **Evalúa tu Situación Financiera Actual:** Analiza tus ingresos, gastos, deudas y metas financieras. Esto te dará una visión clara de dónde te encuentras y qué áreas necesitas automatizar.
2. **Elige las Herramientas Adecuadas:** Hay muchas herramientas y aplicaciones disponibles que pueden ayudarte a automatizar tus finanzas. Investiga y elige las que mejor se adapten a tus necesidades y preferencias.
3. **Configura Pagos y Transferencias Automáticas:** Establece pagos automáticos para tus facturas recurrentes y transferencias automáticas para tus ahorros e inversiones.

Conclusión: Un Camino hacia la Libertad Financiera

La automatización financiera no es solo una herramienta, es una filosofía de vida. Es un compromiso con la simplicidad, la eficiencia y la libertad. Al automatizar tus finanzas, no solo liberas tiempo y energía, sino que también creas un sistema que trabaja incansablemente para ayudarte a alcanzar tus metas. En este camino hacia la libertad financiera, la automatización es tu aliada, una fuerza silenciosa pero poderosa que te permite vivir la vida que deseas con menos preocupaciones y más oportunidades.

Capítulo 16: La Inversión Inteligente: De Ahorrador a Creador de Riqueza

La vida está llena de decisiones financieras. Algunas son pequeñas y cotidianas, como elegir entre cocinar en casa o salir a cenar. Otras son monumentales, como decidir dónde vivir o qué carrera seguir. Pero hay una decisión que tiene el poder de transformar completamente tu futuro financiero: la decisión de invertir. Este capítulo está dedicado a guiarte en el viaje de ser un ahorrador prudente a un creador de riqueza visionario.

El Poder de la Inversión: Sembrando para el Futuro

Invertir no es solo una cuestión de números y tasas de retorno. Es un acto de fe en el futuro, una expresión de esperanza y un compromiso con tus sueños. Cada euro, cada dólar que decides invertir es una semilla plantada que, con el tiempo y el cuidado adecuados, puede crecer y florecer de maneras que nunca imaginaste.

De Ahorrador a Inversor: Un Cambio de Mentalidad

Para convertirte en un creador de riqueza, primero debes adoptar una mentalidad de inversor. Ahorrar es importante, sin duda. Nos da seguridad y una red de protección en tiempos de incertidumbre. Pero ahorrar solo no es suficiente para construir riqueza. Necesitas poner a trabajar tu dinero, hacer que crezca mientras tú también creces. Aquí es donde entra la inversión.

Comprender los Fundamentos de la Inversión

Antes de sumergirnos en las estrategias específicas, es crucial comprender algunos principios fundamentales de la inversión:

1. El Valor del Tiempo: Comienza Hoy

El tiempo es uno de los aliados más poderosos del inversor. Gracias al interés compuesto, incluso pequeñas cantidades de dinero pueden crecer significativamente con el tiempo. Cuanto antes empieces a invertir, más tiempo tendrás para beneficiarte de este efecto. Imagina que cada euro invertido hoy es como una semilla que, con el tiempo, dará frutos abundantes.

2. Diversificación: No Poner Todos los Huevos en la Misma Cesta

La diversificación es una estrategia clave para minimizar riesgos. Al invertir en una variedad de activos, reduces la posibilidad de sufrir grandes pérdidas si un sector o una inversión en particular no resulta favorable. Piensa en tu cartera de inversiones como un jardín diverso: diferentes plantas (o inversiones) florecen en diferentes momentos, asegurando que siempre tengas algo creciendo.

3. Riesgo y Retorno: El Balance Esencial

Todos queremos altos rendimientos, pero estos suelen ir acompañados de un mayor riesgo. Es crucial encontrar un equilibrio que se alinee con tu tolerancia al riesgo y tus metas financieras. La inversión no se trata solo de buscar ganancias rápidas, sino de construir una base sólida para un futuro próspero.

Estrategias para Convertirse en un Creador de Riqueza

Con estos principios en mente, exploremos algunas estrategias de inversión que pueden ayudarte a transformar tus ahorros en riqueza:

1. Acciones: Ser Parte del Crecimiento Empresarial

Invertir en acciones te permite ser parte del crecimiento de empresas que lideran la innovación y el desarrollo económico. A través de la compra de acciones, te conviertes en propietario parcial de estas compañías, beneficiándote de su éxito. Investiga y elige empresas con sólidos fundamentos, buenos equipos de gestión y perspectivas de crecimiento a largo plazo.

2. Fondos Mutuos y ETFs: Inversión Diversificada

Los fondos mutuos y los ETFs (fondos cotizados en bolsa) son excelentes opciones para aquellos que desean diversificar sus inversiones sin tener que elegir acciones individuales. Estos fondos agrupan el dinero de muchos inversores para comprar una variedad de activos, ofreciendo una diversificación instantánea y gestionada por profesionales.

3. Bienes Raíces: Construyendo Patrimonio Tangible

Invertir en bienes raíces es otra manera poderosa de construir riqueza. Los bienes raíces no solo ofrecen el potencial de apreciación del capital, sino que también pueden generar ingresos pasivos a través del alquiler. Ya sea comprando propiedades residenciales, comerciales o terrenos, esta inversión puede ser una piedra angular en tu estrategia de creación de riqueza.

4. Bonos: Seguridad y Rendimientos Constantes

Los bonos son instrumentos de deuda que ofrecen pagos de intereses regulares. Aunque generalmente ofrecen rendimientos más bajos que las acciones, son menos volátiles y pueden proporcionar estabilidad a tu cartera de inversiones. Considera invertir en bonos gubernamentales o corporativos como una forma de equilibrar el riesgo en tu portafolio.

Educación Continua: El Camino hacia la Maestría

La inversión inteligente requiere una educación continua. El mundo financiero está en constante evolución, y es esencial mantenerse informado sobre las tendencias del mercado, nuevas oportunidades y estrategias de inversión. Lee libros, asiste a seminarios, sigue blogs de inversión y no dudes en buscar la guía de asesores financieros profesionales.

Construyendo un Plan de Inversión Personalizado

Cada persona tiene una situación financiera única, y tu plan de inversión debe reflejar tus objetivos, tolerancia al riesgo y horizonte temporal. Tómate el tiempo para desarrollar un plan que se alinee con tus sueños y metas. Revisa y ajusta tu plan regularmente para asegurarte de que sigues en el camino correcto.

Conclusión: De Ahorrador a Creador de Riqueza

La transformación de ahorrador a creador de riqueza es un viaje lleno de aprendizaje, crecimiento y descubrimientos. Es un viaje que requiere paciencia, disciplina y visión. Pero sobre todo, es un viaje que está al alcance de todos. No importa dónde comiences, lo importante es dar el primer paso y seguir avanzando con determinación.

Recuerda, invertir no es solo sobre ganar dinero; es sobre crear un futuro en el que tus sueños y aspiraciones puedan florecer. Es sobre tener la libertad de vivir la vida que deseas y dejar un legado que perdure. Al adoptar una mentalidad de inversión y seguir las estrategias adecuadas, puedes transformar tus ahorros en una fuente de riqueza y prosperidad duradera.

Capítulo 17: La Deuda como Aliada: Estrategias para Utilizarla a tu Favor

La deuda. Para muchos, esta palabra evoca sentimientos de ansiedad, temor y preocupación. Pero, ¿y si te dijera que la deuda puede ser tu aliada en el camino hacia la realización de tus sueños? ¿Y si pudieras aprender a utilizarla de manera estratégica para fortalecer tu posición financiera y alcanzar tus metas más ambiciosas? Este capítulo está dedicado a transformar tu percepción de la deuda y mostrarte cómo puedes convertirla en una herramienta poderosa y positiva en tu vida.

La Perspectiva de la Deuda: Un Cambio de Mentalidad

Antes de adentrarnos en las estrategias, es fundamental cambiar nuestra mentalidad hacia la deuda. No toda deuda es mala. Existen deudas que pueden ayudarte a crecer, a mejorar tu calidad de vida y a abrir puertas que de otra manera permanecerían cerradas. Imagina que la deuda es como una palanca que te permite mover una carga pesada que, sin ella, sería imposible de levantar.

Tipos de Deuda: Identificando a los Aliados

Para utilizar la deuda a tu favor, primero debemos distinguir entre los diferentes tipos de deuda. No todas las deudas son iguales, y algunas pueden ser tus mejores aliadas:

1. **Deuda Buena:** Esta es la deuda que se utiliza para adquirir activos que aumentarán su valor con el tiempo o que generarán ingresos. Ejemplos incluyen préstamos estudiantiles, hipotecas y préstamos para iniciar o expandir un negocio. Estas deudas, si se manejan correctamente, pueden ser inversiones en tu futuro.
2. **Deuda Mala:** Esta es la deuda que se utiliza para adquirir bienes de consumo que no generan ingresos y que, a menudo, pierden valor con el tiempo, como tarjetas de crédito con altos intereses utilizadas para compras no esenciales. Estas deudas pueden convertirse en una carga si no se controlan.

Estrategias para Utilizar la Deuda a tu Favor

Ahora que hemos identificado los tipos de deuda, exploremos algunas estrategias para utilizarla de manera efectiva:

1. Inversiones Educativas: Preparando el Camino al Éxito

La educación es una de las inversiones más valiosas que puedes hacer. Los préstamos estudiantiles pueden parecer intimidantes, pero cuando se utilizan para adquirir habilidades y conocimientos que aumentarán tu capacidad de generar ingresos, se convierten en una poderosa herramienta. Elige programas de estudio que tengan una alta demanda en el mercado laboral y que te apasionen. Recuerda que la educación no solo aumenta tu potencial de ingresos, sino que también enriquece tu vida personal y profesional.

2. Hipotecas: Construyendo Patrimonio con Inteligencia

Comprar una casa puede ser una de las decisiones financieras más importantes de tu vida. Una hipoteca bien gestionada te permite construir patrimonio con el tiempo. Investiga diferentes opciones de financiamiento, tasas de interés y términos de los préstamos. Asegúrate de que la hipoteca se alinee con tu capacidad de pago y tus metas a largo plazo. Con cada pago que haces, no solo estás asegurando un lugar para vivir, sino que también estás invirtiendo en un activo que probablemente aumentará su valor con el tiempo.

3. Préstamos para Negocios: Impulsando tus Sueños Emprendedores

Si tienes una idea de negocio, un préstamo puede ser el impulso que necesitas para convertir tu sueño en realidad. Al igual que con cualquier inversión, es crucial hacer una planificación cuidadosa. Crea un plan de negocio sólido, investiga el mercado y entiende tus proyecciones de ingresos y gastos. Un préstamo empresarial bien utilizado puede ayudarte a comprar equipos, contratar personal y expandir tu negocio. Recuerda, los grandes imperios empresariales a menudo comenzaron con una idea y un préstamo inicial.

4. Consolidación de Deudas: Simplificando y Ahorrando

Si te encuentras con múltiples deudas, considera la consolidación de deudas como una estrategia para simplificar tus pagos y, potencialmente, reducir la tasa de interés general. Esto implica tomar un préstamo para pagar varias deudas más pequeñas, lo que puede hacer que sea más fácil de manejar y más económico en el largo plazo. Busca opciones con tasas de interés más bajas y términos que se ajusten a tu capacidad de pago.

El Poder del Conocimiento: Educación Financiera Continua

El manejo adecuado de la deuda requiere una educación financiera continua. Mantente informado sobre las tasas de interés, las opciones de financiamiento y las mejores prácticas de gestión de deudas. Asiste a seminarios, lee libros y artículos, y considera la posibilidad de trabajar con un asesor financiero. Cuanto más sepas, mejor equipado estarás para tomar decisiones financieras inteligentes.

La Deuda como Parte de un Plan Financiero Integral

Finalmente, es crucial ver la deuda como parte de un plan financiero integral. No tomes decisiones sobre deudas de manera aislada. Considera tus ingresos, tus gastos, tus metas a corto y largo plazo, y tu tolerancia al riesgo. Una estrategia financiera bien equilibrada te permitirá utilizar la deuda de manera efectiva mientras mantienes un control sobre tu situación financiera general.

Conclusión: Abrazando la Deuda como Aliada

En última instancia, la deuda no es el enemigo; es una herramienta. Como cualquier herramienta, su efectividad depende de cómo la utilices. Con una mentalidad adecuada, una planificación cuidadosa y una educación financiera continua, puedes transformar la deuda en una aliada poderosa en tu camino hacia el éxito. No permitas que el miedo a la deuda te impida alcanzar tus sueños. En lugar de eso, aprende a manejarla con sabiduría y valentía, y verás cómo se convierte en un pilar que sostiene tu crecimiento y tus logros.

Capítulo 18: El Equilibrio entre Trabajo y Vida: Cómo Impacta en tus Finanzas

El equilibrio entre trabajo y vida es fundamental para nuestra salud, bienestar y éxito financiero. Mantener un equilibrio saludable no solo mejora nuestra calidad de vida, sino que también puede tener un impacto significativo en nuestras finanzas personales. Este capítulo explora cómo lograr un equilibrio entre trabajo y vida y cómo dicho equilibrio influye en nuestras finanzas, proporcionando estrategias y prácticas para encontrar y mantener este equilibrio.

Comprendiendo el Equilibrio entre Trabajo y Vida

El equilibrio entre trabajo y vida se refiere a la armonía entre nuestras responsabilidades laborales y nuestras actividades personales y familiares. Es la capacidad de gestionar de manera efectiva nuestras obligaciones profesionales mientras dedicamos tiempo y energía a nuestras relaciones, salud y bienestar personal.

Importancia del Equilibrio entre Trabajo y Vida

1. **Salud Mental y Física**: Un equilibrio adecuado reduce el estrés, previene el agotamiento y mejora la salud física y mental.
2. **Productividad y Desempeño**: Empleados equilibrados tienden a ser más productivos, creativos y comprometidos en sus roles.
3. **Satisfacción y Felicidad**: Mantener un equilibrio saludable contribuye a una mayor satisfacción y felicidad en la vida personal y profesional.
4. **Relaciones Interpersonales**: Un buen equilibrio permite dedicar tiempo y atención a las relaciones familiares y sociales, fortaleciendo los vínculos personales.

Cómo el Equilibrio entre Trabajo y Vida Impacta en tus Finanzas

El equilibrio entre trabajo y vida tiene un impacto directo e indirecto en nuestras finanzas personales. Un equilibrio saludable puede conducir a una mejor gestión del tiempo, mayor productividad y, en última instancia, mejores oportunidades financieras.

Impactos Directos

1. **Reducción de Costos de Salud**: Menos estrés y mejor salud física y mental pueden reducir los costos médicos y de atención sanitaria.
2. **Aumento de la Productividad**: Empleados equilibrados son más productivos, lo que puede resultar en aumentos salariales y promociones.
3. **Gestión del Tiempo y Recursos**: Un buen equilibrio permite una mejor gestión del tiempo y los recursos, evitando gastos innecesarios.

Estrategias para Lograr el Equilibrio entre Trabajo y Vida

Encontrar y mantener un equilibrio entre trabajo y vida requiere una planificación cuidadosa, la gestión del tiempo y la voluntad de establecer límites. Aquí hay algunas estrategias prácticas para lograrlo:

Establecer Prioridades Claras

1. **Definir Metas Personales y Profesionales**: Identificar lo que es más importante tanto en el ámbito personal como profesional.
2. **Asignar Tiempo para lo Importante**: Asegurarse de que las actividades prioritarias reciben el tiempo y la atención que merecen.

Gestión Efectiva del Tiempo

1. **Planificación y Organización**: Utilizar herramientas de planificación como calendarios y listas de tareas para organizar el tiempo de manera eficiente.
2. **Evitar la Procrastinación**: Identificar y abordar las causas de la procrastinación para mantener la productividad.
3. **Técnicas de Gestión del Tiempo**: Implementar técnicas como la técnica Pomodoro o el método GTD (Getting Things Done) para mejorar la gestión del tiempo.

Establecimiento de Límites

1. **Desconexión del Trabajo**: Aprender a desconectarse del trabajo fuera del horario laboral, evitando el agotamiento.
2. **Negarse a Sobrecargar**: Aprender a decir "no" a tareas o responsabilidades adicionales que puedan desequilibrar la vida laboral y personal.
3. **Tiempo de Calidad para la Familia y Amigos**: Asegurarse de dedicar tiempo de calidad a las relaciones personales y familiares.

Prácticas Diarias para Mantener el Equilibrio entre Trabajo y Vida

Incorporar prácticas diarias que fomenten un equilibrio saludable es crucial para mantener la armonía entre nuestras responsabilidades laborales y personales.

Rutinas de Mañana y Noche

1. **Rutina Matutina**: Comenzar el día con actividades que aumenten la energía y la motivación, como el ejercicio, la meditación o la lectura.
2. **Desconexión Nocturna**: Establecer una rutina de desconexión antes de dormir, evitando dispositivos electrónicos y dedicando tiempo a la relajación.

Tiempo para el Desarrollo Personal

1. **Lectura y Aprendizaje**: Dedicar tiempo cada día a la lectura y al aprendizaje para el desarrollo personal y profesional.
2. **Hobbies y Pasatiempos**: Participar en actividades que se disfruten y que proporcionen un descanso mental del trabajo.

Comunicación Abierta

1. **Comunicación con Familiares y Amigos**: Mantener una comunicación abierta y honesta con los seres queridos sobre las necesidades y límites personales.
2. **Comunicación en el Trabajo**: Hablar con supervisores y compañeros de trabajo sobre la importancia del equilibrio y la necesidad de límites saludables.

Conclusión

El equilibrio entre trabajo y vida es esencial para nuestra salud, bienestar y éxito financiero. Al establecer prioridades claras, gestionar el tiempo de manera efectiva, establecer límites y practicar el bienestar, podemos encontrar y mantener un equilibrio saludable. Este equilibrio no solo mejora nuestra calidad de vida, sino que también impacta positivamente nuestras finanzas personales al aumentar la productividad, reducir el estrés y promover un desarrollo profesional continuo. Al adoptar estrategias y prácticas diarias que fomenten este equilibrio, podemos alcanzar una vida más satisfactoria, productiva y financieramente segura.

Capítulo 19: La Mentalidad Emprendedora: Creando tu Propio Camino

La mentalidad emprendedora es una combinación de habilidades, actitudes y hábitos que permiten a las personas identificar oportunidades, asumir riesgos calculados y crear valor. Esta mentalidad no se limita a quienes desean iniciar su propio negocio; también es relevante para aquellos que buscan innovar y liderar dentro de organizaciones existentes. En este capítulo, exploraremos qué es la mentalidad emprendedora, cómo desarrollarla y cómo puede influir en tu éxito personal y financiero.

Comprendiendo la Mentalidad Emprendedora

La mentalidad emprendedora es un enfoque proactivo y orientado a la acción hacia la vida y el trabajo. Los emprendedores son resilientes, creativos, y persistentes, capaces de adaptarse y superar desafíos mientras buscan oportunidades para el crecimiento y la innovación.

Características Clave de la Mentalidad Emprendedora

1. **Proactividad**: Iniciativa para tomar acciones y decisiones sin esperar a que otros lo hagan.
2. **Resiliencia**: Capacidad de recuperarse de fracasos y adversidades.
3. **Creatividad**: Habilidad para pensar de manera innovadora y encontrar soluciones únicas a problemas.
4. **Orientación a Resultados**: Enfoque en lograr metas y objetivos claros.
5. **Tolerancia al Riesgo**: Disposición a asumir riesgos calculados para aprovechar oportunidades.
6. **Adaptabilidad**: Capacidad de ajustarse a cambios y nuevas circunstancias.

Desarrollo de la Mentalidad Emprendedora

Desarrollar una mentalidad emprendedora requiere un enfoque consciente y la práctica de habilidades específicas. Aquí hay algunas estrategias y prácticas para cultivar esta mentalidad:

Práctica de la Creatividad

1. **Brainstorming Regular**: Dedicar tiempo a sesiones de lluvia de ideas para generar nuevas ideas y soluciones.
2. **Proyectos Personales**: Emprender proyectos fuera del trabajo habitual que desafíen y desarrollen la creatividad.
3. **Colaboración Creativa**: Trabajar con otros en actividades que fomenten la creatividad y la innovación.

Desarrollo de Habilidades de Resiliencia

1. **Manejo del Estrés**: Practicar técnicas de manejo del estrés como la meditación y el ejercicio.
2. **Reflexión sobre el Fracaso**: Analizar fracasos pasados para aprender de ellos y desarrollar una mentalidad de crecimiento.
3. **Establecimiento de Metas**: Fijar metas desafiantes pero alcanzables para construir confianza y perseverancia.

Implementación de la Mentalidad Emprendedora

La implementación de una mentalidad emprendedora implica aplicar estas habilidades y actitudes en diferentes aspectos de la vida y el trabajo. Aquí hay algunas formas de hacerlo:

Innovación en el Lugar de Trabajo

1. **Propuestas de Mejora**: Identificar áreas de mejora en el trabajo y proponer soluciones innovadoras.
2. **Liderazgo en Proyectos**: Tomar la iniciativa para liderar proyectos y equipos.

3. **Desarrollo de Nuevos Productos o Servicios**: Trabajar en la creación y desarrollo de nuevos productos o servicios que agreguen valor.

Emprendimiento Personal

1. **Iniciar un Negocio**: Identificar una necesidad en el mercado y desarrollar un plan de negocios para satisfacerla.
2. **Freelancing y Consultoría**: Ofrecer habilidades y conocimientos como servicios independientes.
3. **Inversiones en Startups**: Participar en inversiones de startups para apoyar la innovación y el crecimiento.

Prácticas Diarias para Cultivar una Mentalidad Emprendedora

Incorporar prácticas diarias que fomenten una mentalidad emprendedora es crucial para mantener esta mentalidad y aplicarla en la vida cotidiana.

Conclusión

La mentalidad emprendedora es una poderosa combinación de habilidades, actitudes y hábitos que pueden transformar tu vida personal y profesional. Al desarrollar proactividad, resiliencia, creatividad, y otras características clave, puedes identificar y aprovechar oportunidades, superar desafíos y crear tu propio camino hacia el éxito. Implementar esta mentalidad no solo te ayudará a alcanzar tus metas financieras, sino que también te permitirá vivir una vida más satisfactoria y plena. Con dedicación y práctica, todos podemos cultivar una mentalidad emprendedora y desbloquear nuestro verdadero potencial.

Capítulo 20: El Legado Financiero: Más Allá de tu Propia Vida

El legado financiero es la huella económica que dejamos para las futuras generaciones y para la sociedad. Va más allá de la acumulación de riqueza personal; se trata de cómo nuestras decisiones financieras impactan a nuestros seres queridos, nuestra comunidad y el mundo en general. Este capítulo explora cómo construir y mantener un legado financiero duradero, las consideraciones y estrategias clave para hacerlo, y la importancia de la planificación y la educación financiera intergeneracional.

Comprendiendo el Legado Financiero

El legado financiero no es solo una cuestión de herencia material, sino también de valores, educación y principios que transmitimos a las próximas generaciones. Este legado puede incluir bienes materiales, conocimientos financieros, valores éticos y sociales, y un impacto positivo en la comunidad.

Componentes del Legado Financiero

1. **Herencia Material**: Bienes, inversiones, propiedades y otros activos que dejamos a nuestros herederos.
2. **Educación Financiera**: Conocimientos y habilidades financieras que transmitimos a nuestras futuras generaciones.
3. **Valores y Principios**: Ética, valores y principios financieros y sociales que inculcamos en nuestras familias.
4. **Impacto Comunitario**: Contribuciones filantrópicas y actividades de voluntariado que benefician a la comunidad y la sociedad en general.

Construcción de un Legado Financiero Duradero

Construir un legado financiero duradero requiere planificación, acción y una visión a largo plazo. Aquí hay algunas estrategias clave para hacerlo:

Planificación Financiera Integral

1. **Elaboración de un Testamento**: Un testamento claro y bien estructurado asegura que tus deseos se cumplan y que tus bienes se distribuyan según tus deseos.
2. **Creación de Fideicomisos**: Los fideicomisos pueden ofrecer beneficios fiscales y mayor control sobre cómo y cuándo se distribuyen tus activos.
3. **Planificación de Impuestos**: Estrategias para minimizar las cargas fiscales sobre tu patrimonio y el de tus herederos.

Inversiones a Largo Plazo

1. **Diversificación de Inversiones**: Invertir en una variedad de activos para minimizar riesgos y maximizar retornos.
2. **Inversiones Sostenibles**: Optar por inversiones que no solo generen rendimientos financieros, sino que también tengan un impacto positivo en el medio ambiente y la sociedad.
3. **Planes de Ahorro para la Educación**: Establecer fondos de ahorro para la educación de las futuras generaciones.

Transmisión de Conocimientos y Valores

1. **Educación Financiera Familiar**: Enseñar a tus hijos y nietos sobre la gestión del dinero, el ahorro, la inversión y la importancia de la planificación financiera.
2. **Modelado de Comportamientos**: Ser un ejemplo de buenas prácticas financieras y ética en la vida cotidiana.
3. **Conversaciones Abiertas**: Mantener una comunicación abierta sobre las finanzas familiares y los valores que deseas transmitir.

Impacto Social y Comunitario

1. **Filantropía y Donaciones**: Contribuir a causas y organizaciones benéficas que resuenen con tus valores y principios.
2. **Voluntariado**: Participar en actividades de voluntariado y fomentar la participación de tu familia.

3. **Creación de Fundaciones**: Establecer fundaciones o fondos que apoyen causas importantes para ti y tu familia.

Planificación del Legado Financiero

La planificación del legado financiero implica tomar decisiones conscientes y deliberadas sobre cómo deseas que se gestionen y distribuyan tus activos, así como cómo se perpetuarán tus valores y conocimientos.

Pasos para la Planificación del Legado

1. **Definición de Objetivos**: Clarificar lo que deseas lograr con tu legado financiero.
2. **Inventario de Activos**: Hacer un inventario completo de tus activos y pasivos.
3. **Consulta con Profesionales**: Trabajar con asesores financieros, abogados y contadores para desarrollar un plan integral.
4. **Documentación Legal**: Asegurarse de que todos los documentos legales necesarios estén en orden, incluyendo testamentos, fideicomisos y poderes notariales.
5. **Revisión y Actualización Regular**: Revisar y actualizar tu plan de legado regularmente para reflejar cambios en tu vida, tus objetivos y las leyes.

Prácticas Diarias para Construir un Legado Financiero

Incorporar prácticas diarias que fomenten la construcción de un legado financiero puede ayudar a asegurar que tus objetivos se cumplan y tus valores se perpetúen.

Gestión Activa de Finanzas

1. **Presupuestación y Ahorro**: Mantener un presupuesto y un plan de ahorro sólido para asegurar la estabilidad financiera.
2. **Inversión Regular**: Invertir de manera regular y disciplinada para el crecimiento a largo plazo.

3. **Revisión de Planes**: Revisar y ajustar tus planes financieros regularmente para alinearlos con tus objetivos de legado.

Educación y Comunicación Familiar

1. **Reuniones Financieras Familiares**: Realizar reuniones regulares para discutir temas financieros y de legado con tu familia.
2. **Educación Continua**: Fomentar la educación continua en temas financieros para todos los miembros de la familia.
3. **Transparencia**: Ser transparente sobre tus decisiones financieras y los valores que guían tus acciones.

Participación Comunitaria

1. **Voluntariado Regular**: Participar regularmente en actividades de voluntariado y fomentar la participación de tu familia.
2. **Donaciones Consistentes**: Hacer donaciones consistentes a causas y organizaciones benéficas que resuenen con tus valores.
3. **Mentoría**: Actuar como mentor para jóvenes o emprendedores en tu comunidad, compartiendo tus conocimientos y experiencia.

Conclusión

Construir un legado financiero es un acto de amor y responsabilidad hacia las futuras generaciones y la sociedad. Requiere una planificación cuidadosa, acciones deliberadas y un compromiso continuo con tus valores y objetivos. Al centrarte en la planificación financiera integral, la transmisión de conocimientos y valores, y el impacto comunitario, puedes dejar una huella duradera y positiva. Un legado financiero bien construido no solo asegura la estabilidad y el bienestar de tus seres queridos, sino que también contribuye a un mundo mejor y más equitativo. Con dedicación y visión, puedes crear un legado que trascienda tu propia vida y beneficie a generaciones futuras.

Capítulo 21: La Mentalidad del Ahorro: Cómo Construir un Colchón Financiero

En un mundo donde la inmediatez y el consumo rápido predominan, el ahorro se ha convertido en una práctica cada vez más olvidada, pero crucial para el bienestar financiero. Este capítulo está dedicado a explorar cómo desarrollar una mentalidad de ahorro y construir un colchón financiero que nos permita enfrentar imprevistos, alcanzar metas y vivir con mayor tranquilidad.

1. Entendiendo la Mentalidad del Ahorro

La mentalidad del ahorro no se trata solo de guardar dinero; es una forma de pensar que prioriza la seguridad y el bienestar a largo plazo sobre las gratificaciones inmediatas. A continuación, se detallan los componentes esenciales de esta mentalidad:

a. Valoración del Futuro

La capacidad de valorar el futuro es fundamental para desarrollar una mentalidad de ahorro. Esto implica reconocer la importancia de tener recursos disponibles para enfrentar situaciones imprevistas y planificar para metas a largo plazo, como la jubilación o la educación de los hijos.

b. Disciplina y Autocontrol

El ahorro requiere disciplina y autocontrol. Es fácil ceder a la tentación de gastar en cosas que no son necesarias, pero una mentalidad de ahorro implica ser capaz de posponer estas gratificaciones inmediatas en favor de beneficios futuros más significativos.

c. Conocimiento y Educación Financiera

Entender cómo funciona el dinero, las tasas de interés, la inflación y otros conceptos financieros es crucial. La educación financiera nos permite tomar decisiones informadas y optimizar nuestras estrategias de ahorro.

2. Estrategias para Construir un Colchón Financiero

Ahora que hemos abordado la mentalidad del ahorro, es importante explorar estrategias prácticas para construir un colchón financiero sólido. Aquí presentamos algunos pasos clave:

a. Establecer Metas de Ahorro

Definir metas claras y alcanzables es el primer paso para cualquier plan de ahorro. Estas metas pueden incluir la creación de un fondo de emergencia, la compra de una casa, o la planificación de unas vacaciones. Tener objetivos específicos nos motiva a seguir ahorrando y nos permite medir nuestro progreso.

b. Crear un Presupuesto

El presupuesto es una herramienta esencial para el ahorro. Nos permite tener una visión clara de nuestros ingresos y gastos, y nos ayuda a identificar áreas donde podemos reducir gastos. Un buen presupuesto debe incluir una categoría específica para el ahorro, tratándolo como una prioridad y no como una opción.

c. Automatizar el Ahorro

Automatizar las transferencias hacia una cuenta de ahorro puede ser una estrategia muy efectiva. Al programar transferencias automáticas, eliminamos la tentación de gastar ese dinero y nos aseguramos de que una parte de nuestros ingresos se destine al ahorro regularmente.

d. Reducir Deudas

Las deudas pueden ser un gran obstáculo para el ahorro. Priorizar la reducción de deudas, especialmente aquellas con altas tasas de interés, nos permite liberar ingresos que pueden ser redirigidos hacia el ahorro. Esto también mejora nuestra salud financiera general y reduce el estrés.

3. Inversiones como Forma de Ahorro

Más allá del ahorro tradicional, invertir nuestro dinero puede ser una forma efectiva de hacer crecer nuestro colchón financiero. Aquí exploramos algunas opciones de inversión:

a. Cuentas de Ahorro y Certificados de Depósito (CD)

Aunque ofrecen rendimientos bajos, las cuentas de ahorro y los certificados de depósito son opciones seguras para guardar dinero a corto plazo. Son ideales para fondos de emergencia debido a su liquidez y bajo riesgo.

b. Fondos de Inversión y Acciones

Invertir en fondos de inversión y acciones puede ofrecer rendimientos mayores a largo plazo. Sin embargo, también conlleva un mayor riesgo. Es importante diversificar las inversiones y estar dispuesto a mantenerlas durante varios años para mitigar las fluctuaciones del mercado.

c. Bienes Raíces

Invertir en bienes raíces puede ser una forma efectiva de construir riqueza a largo plazo. Aunque requiere una inversión inicial significativa, los bienes raíces pueden generar ingresos pasivos a través del alquiler y apreciarse en valor con el tiempo.

4. Manteniendo el Compromiso con el Ahorro

El compromiso con el ahorro debe ser constante. A continuación, se presentan algunas recomendaciones para mantenernos enfocados:

Revisar y Ajustar Metas Regularmente

Nuestras circunstancias y prioridades pueden cambiar con el tiempo, por lo que es importante revisar y ajustar nuestras metas de ahorro periódicamente. Esto nos permite adaptarnos a nuevas situaciones y mantenernos motivados.

b. Celebrar los Logros

Reconocer y celebrar nuestros logros de ahorro, por pequeños que sean, nos motiva a seguir adelante. Estas celebraciones pueden ser simples, como una cena especial o una pequeña recompensa que no comprometa nuestro plan financiero.

c. Educación Continua

El mundo financiero está en constante evolución. Continuar aprendiendo sobre nuevas estrategias de ahorro e inversión nos permite optimizar nuestro plan financiero y aprovechar nuevas oportunidades.

5. Beneficios de un Colchón Financiero

Tener un colchón financiero bien construido ofrece numerosos beneficios que van más allá de la mera estabilidad económica:

a. Seguridad y Tranquilidad

Saber que tenemos recursos para enfrentar imprevistos nos da una sensación de seguridad y tranquilidad. Esto reduce el estrés financiero y nos permite enfocarnos en otras áreas importantes de nuestras vidas.

b. Oportunidades de Inversión

Un colchón financiero nos permite aprovechar oportunidades de inversión que puedan surgir. Tener liquidez disponible nos da la flexibilidad para tomar decisiones rápidas y estratégicas.

c. Independencia Financiera

A largo plazo, un buen colchón financiero contribuye a nuestra independencia financiera. Nos permite tomar decisiones de vida basadas en nuestros valores y deseos, en lugar de estar limitados por restricciones económicas.

Conclusión

Desarrollar una mentalidad de ahorro y construir un colchón financiero son pasos cruciales hacia la estabilidad y el bienestar económico. Aunque requiere disciplina y compromiso, los beneficios a largo plazo hacen que el esfuerzo valga la pena. Con las estrategias y herramientas adecuadas, todos podemos crear un futuro financiero más seguro y próspero.

Capítulo 22: El Poder de la Visualización: Creando una Imagen de Éxito

La visualización es una herramienta poderosa que puede transformar la manera en que percibimos y alcanzamos el éxito. Este capítulo explora en profundidad cómo utilizar la visualización para crear una imagen clara y concreta de lo que deseamos lograr, y cómo esta práctica puede influir positivamente en nuestra vida personal y profesional.

1. ¿Qué es la Visualización?

La visualización es el proceso de crear imágenes mentales vívidas y detalladas de nuestros objetivos y sueños. A través de la visualización, podemos imaginar cómo sería alcanzar nuestras metas, experimentar las emociones asociadas con ese logro y planificar los pasos necesarios para llegar allí. Es una técnica utilizada por atletas, empresarios y personas de todas las disciplinas para mejorar el rendimiento y alcanzar sus objetivos.

a. El Proceso Mental de la Visualización

La visualización implica cerrar los ojos y crear una imagen mental detallada de una situación deseada. Esto incluye no solo los aspectos visuales, sino también otros sentidos como el sonido, el tacto, el gusto y el olfato. Cuanto más detallada y realista sea la imagen, más efectiva será la visualización.

b. Beneficios Psicológicos y Fisiológicos

La visualización no solo impacta nuestra mente; también tiene efectos fisiológicos. Estudios han demostrado que imaginar una acción puede activar las mismas áreas del cerebro que cuando realizamos físicamente esa acción. Esto puede mejorar nuestras habilidades y aumentar nuestra confianza.

2. Cómo Practicar la Visualización

Para aprovechar al máximo el poder de la visualización, es importante practicarla de manera regular y efectiva. Aquí se presentan algunos pasos y consejos para incorporar la visualización en nuestra rutina diaria:

a. Establecer Metas Claras

Antes de comenzar con la visualización, es crucial tener metas claras y específicas. Saber exactamente lo que queremos lograr nos permite crear imágenes mentales más precisas y efectivas.

b. Crear un Ambiente Adecuado

Encontrar un lugar tranquilo y libre de distracciones es fundamental para una visualización efectiva. Este entorno nos permite concentrarnos completamente en nuestras imágenes mentales y sumergirnos en la experiencia.

c. Usar Todos los Sentidos

Para que la visualización sea realmente efectiva, debemos involucrar todos nuestros sentidos. Esto significa imaginar no solo lo que vemos, sino también lo que escuchamos, sentimos, olemos y saboreamos. Cuanto más rica y detallada sea la experiencia, más real se sentirá.

d. Practicar Regularmente

La visualización debe ser una práctica regular, similar a la meditación o el ejercicio físico. Dedicando unos minutos cada día a la visualización, podemos reforzar nuestras imágenes mentales y mantenernos enfocados en nuestras metas.

3. Aplicaciones de la Visualización en Diferentes Áreas

La visualización puede aplicarse en diversas áreas de nuestra vida para mejorar nuestro rendimiento y bienestar. A continuación, se presentan algunos ejemplos:

a. Deportes

Los atletas utilizan la visualización para mejorar su rendimiento. Imaginan sus movimientos, la competencia y el éxito para preparar su mente y cuerpo para el rendimiento óptimo. Esta práctica puede mejorar la precisión, la velocidad y la confianza.

b. Negocios

En el mundo empresarial, la visualización puede ayudar a los profesionales a prepararse para presentaciones importantes, negociaciones y otros desafíos. Imaginar el éxito en estas situaciones puede aumentar la confianza y reducir el estrés.

c. Salud y Bienestar

La visualización también puede ser una herramienta poderosa para mejorar la salud y el bienestar. Las personas pueden imaginarse a sí mismas libres de enfermedades, con niveles óptimos de energía y viviendo una vida saludable. Esta práctica puede tener efectos positivos en la recuperación y el bienestar general.

4. Superando Obstáculos a Través de la Visualización

La visualización no solo nos ayuda a alcanzar nuestras metas; también puede ser una herramienta valiosa para superar obstáculos y desafíos. A continuación, se presentan algunas maneras en las que la visualización puede ayudarnos a enfrentar y superar dificultades:

a. Manejo del Estrés y la Ansiedad

Imaginar escenarios estresantes y visualizarnos manejándolos con calma y eficacia puede reducir el estrés y la ansiedad en situaciones reales. Esta práctica nos prepara mentalmente para enfrentar desafíos con una actitud positiva y controlada.

b. Desarrollo de Resiliencia

La visualización puede ayudarnos a desarrollar resiliencia al permitirnos imaginar cómo superaríamos las dificultades. Al vernos a nosotros mismos enfrentando y superando obstáculos, fortalecemos nuestra capacidad para enfrentar adversidades en la vida real.

c. Superación de Miedos y Fobias

Las personas que luchan con miedos y fobias pueden usar la visualización para enfrentar gradualmente estas situaciones en un entorno seguro y controlado. Al imaginarse a sí mismos enfrentando y superando sus miedos, pueden reducir su impacto en la vida diaria.

6. Herramientas y Recursos para la Visualización

Existen varias herramientas y recursos que pueden ayudarnos a practicar la visualización de manera más efectiva:

a. Aplicaciones de Meditación y Visualización

Hay muchas aplicaciones disponibles que guían a los usuarios a través de prácticas de visualización y meditación. Estas aplicaciones pueden ser útiles para quienes son nuevos en la visualización y necesitan orientación.

b. Libros y Cursos

Hay numerosos libros y cursos sobre la visualización que ofrecen estrategias y técnicas avanzadas. Estos recursos pueden proporcionar una comprensión más profunda y métodos adicionales para mejorar nuestras prácticas de visualización.

c. Grupos de Apoyo y Talleres

Participar en grupos de apoyo o talleres sobre la visualización puede ser una excelente manera de aprender de otros y compartir experiencias. Estos entornos pueden proporcionar inspiración y motivación adicionales para continuar con la práctica.

Conclusión

El poder de la visualización reside en su capacidad para transformar nuestra percepción de lo que es posible y prepararnos mentalmente para alcanzar nuestros sueños. Al crear una imagen clara y detallada de nuestro éxito, podemos motivarnos a tomar acciones concretas y enfrentar desafíos con mayor confianza. Con la práctica regular y el uso de todas nuestras capacidades sensoriales, la visualización puede convertirse en una herramienta invaluable para alcanzar el éxito en todas las áreas de nuestra vida.

Capítulo 23: La Influencia del Entorno: Cómo las Personas que nos Rodean Afectan Nuestras Finanzas

La influencia del entorno y las personas que nos rodean tiene un impacto significativo en nuestras decisiones financieras y, en última instancia, en nuestra salud financiera. Este capítulo explora cómo nuestro círculo social, desde la familia hasta los amigos y colegas, puede influir en nuestras actitudes, hábitos y decisiones económicas.

1. La Familia y sus Valores Financieros

La familia es la primera fuente de influencia en nuestra vida, y los valores y hábitos financieros que aprendemos en el hogar pueden tener un impacto duradero.

a. Lecciones Financieras de los Padres

Nuestros padres o tutores son generalmente nuestras primeras guías en temas financieros. Desde una edad temprana, observamos y aprendemos de sus comportamientos y actitudes hacia el dinero. Estas lecciones pueden incluir:

- **Ahorro y Gastos:** Algunos padres enseñan la importancia de ahorrar y vivir dentro de las posibilidades, mientras que otros pueden mostrar comportamientos de gasto impulsivo.
- **Inversiones y Riesgos:** Las actitudes hacia la inversión y la toma de riesgos también se aprenden en el hogar. Padres que invierten en acciones, bienes raíces o negocios pueden inculcar una mentalidad emprendedora.
- **Deudas y Crédito:** Las decisiones relacionadas con el uso del crédito y la gestión de deudas pueden influir en nuestra percepción de la deuda y en cómo manejamos nuestras finanzas en el futuro.

b. Cultura Familiar y Valores

La cultura y los valores familiares también juegan un papel crucial. En algunas culturas, el apoyo financiero entre generaciones es común, mientras que en otras, la independencia financiera es más valorada. Estos valores pueden influir en cómo vemos nuestras responsabilidades financieras y en nuestras prioridades económicas.

2. Amigos y su Influencia Social

Nuestros amigos tienen un impacto significativo en nuestras decisiones de gasto y hábitos financieros. La presión social y el deseo de encajar pueden influir en nuestro comportamiento económico de varias maneras.

a. Comparaciones Sociales

La tendencia a compararnos con nuestros amigos puede llevarnos a tomar decisiones financieras que no necesariamente son las mejores para nosotros:

- **Gastos en Ocio y Entretenimiento:** Si nuestros amigos tienden a gastar mucho en salidas, viajes o compras de lujo, podríamos sentirnos presionados a seguir su ejemplo, incluso si esto compromete nuestra estabilidad financiera.
- **Estilo de Vida y Estatus:** El deseo de mantener un determinado estatus o imagen puede llevarnos a gastar en bienes materiales y experiencias que no necesitamos, pero que nos hacen sentir parte del grupo.

b. Influencia Positiva

Sin embargo, los amigos también pueden tener una influencia positiva en nuestras finanzas:

- **Ahorro y Presupuestos:** Tener amigos que valoran el ahorro y la planificación financiera puede motivarnos a adoptar estos hábitos.
- **Inversiones y Negocios:** Amigos con mentalidades emprendedoras pueden inspirarnos a explorar oportunidades de inversión y negocios, y a compartir conocimientos y recursos para mejorar nuestra situación financiera.

3. Colegas y el Entorno Laboral

El entorno laboral y nuestros colegas también influyen en nuestras finanzas, especialmente en cómo vemos el dinero y las oportunidades de crecimiento profesional.

a. Comparaciones Salariales

Las conversaciones sobre salarios y beneficios pueden influir en nuestra percepción de nuestra compensación y en nuestra satisfacción laboral. Saber cuánto ganan nuestros colegas puede motivarnos a negociar mejores salarios o a buscar nuevas oportunidades laborales.

b. Cultura Empresarial

La cultura de la empresa en la que trabajamos también juega un papel importante:

- **Educación Financiera y Beneficios:** Algunas empresas ofrecen programas de educación financiera y beneficios como planes de jubilación y seguros, lo que puede mejorar nuestra salud financiera.
- **Actitud Hacia el Dinero:** Trabajar en un entorno donde se valora la ética financiera y la gestión responsable del dinero puede influir positivamente en nuestros propios hábitos financieros.

4. Relaciones de Pareja y Finanzas

Las relaciones de pareja tienen un impacto profundo en nuestras finanzas, ya que las decisiones económicas a menudo se toman de manera conjunta.

a. Comunicación y Transparencia

Una comunicación abierta y transparente sobre el dinero es crucial en cualquier relación. Las parejas deben discutir sus metas financieras, hábitos de gasto y deudas para evitar conflictos y construir una base financiera sólida.

b. Metas Financieras Compartidas

Tener metas financieras compartidas, como la compra de una casa, el ahorro para la educación de los hijos o la planificación de la jubilación, puede fortalecer la relación y asegurar que ambos trabajen juntos hacia un futuro financiero común.

c. Manejo de las Diferencias

Las diferencias en los valores y hábitos financieros pueden generar tensiones. Es importante reconocer y respetar estas diferencias, y encontrar un equilibrio que funcione para ambos. Esto puede implicar compromisos y ajustes en los hábitos de gasto y ahorro.

5. La Importancia de Rodearse de Influencias Positivas

Rodearse de personas que nos apoyan y motivan a alcanzar nuestras metas financieras es fundamental para nuestro éxito económico.

a. Identificar Influencias Negativas

Es importante identificar y minimizar las influencias negativas en nuestra vida, aquellas personas que nos alientan a gastar imprudentemente o que no apoyan nuestras metas financieras.

b. Buscar Influencias Positivas

Buscar y rodearnos de personas que comparten nuestros valores financieros y que nos inspiran a mejorar puede hacer una gran diferencia. Esto incluye amigos, colegas y mentores que valoran la responsabilidad financiera y el crecimiento personal.

Conclusión

La influencia del entorno y las personas que nos rodean en nuestras finanzas es innegable. Desde la familia hasta los amigos y colegas, nuestro círculo social puede afectar nuestras decisiones y hábitos económicos de manera significativa. Al ser conscientes de estas influencias y al rodearnos de personas que nos apoyan y motivan a alcanzar nuestras metas financieras, podemos construir una base sólida para un futuro económico saludable y próspero. La clave está en equilibrar las influencias, aprender de las experiencias compartidas y tomar decisiones informadas que nos acerquen a nuestras metas financieras.

Capítulo 24: La Educación Continua: Invertir en tu Propio Conocimiento

En un mundo que cambia constantemente, la educación continua se ha convertido en una necesidad imperativa para mantenernos competitivos y adaptables. Este capítulo explora la importancia de invertir en nuestro propio conocimiento a través de la educación continua, y cómo esta práctica puede influir positivamente en nuestras vidas personales y profesionales.

1. El Valor de la Educación Continua

La educación continua se refiere al proceso de aprender nuevas habilidades y conocimientos de manera constante, independientemente de nuestra etapa en la vida. Este aprendizaje puede ser formal, como cursos y certificaciones, o informal, como la lectura y el autoaprendizaje. A continuación, se detallan las principales razones por las que la educación continua es crucial.

a. Adaptación al Cambio

El mundo laboral está en constante evolución debido a los avances tecnológicos y los cambios en la economía global. La educación continua nos permite adaptarnos a estos cambios, manteniéndonos actualizados con las últimas tendencias y tecnologías.

b. Mejora de Habilidades y Competencias

La educación continua nos ayuda a mejorar nuestras habilidades y adquirir nuevas competencias. Esto puede incluir habilidades técnicas, habilidades blandas, y conocimientos especializados en nuestro campo.

c. Incremento de la Empleabilidad

Tener un conjunto de habilidades actualizado y relevante nos hace más empleables. Los empleadores valoran a los trabajadores que se esfuerzan por aprender y mejorar continuamente, lo que puede abrir puertas a nuevas oportunidades laborales y ascensos.

2. Tipos de Educación Continua

Existen diversas formas de educación continua, cada una con sus propios beneficios y aplicaciones. A continuación, se describen algunos de los tipos más comunes:

a. Cursos y Certificaciones

Los cursos y certificaciones son una forma formal de educación continua que ofrece reconocimiento oficial de nuestras habilidades y conocimientos. Estos pueden ser proporcionados por universidades, instituciones educativas y organizaciones profesionales.

b. Seminarios y Talleres

Los seminarios y talleres ofrecen oportunidades para aprender sobre temas específicos en un formato más interactivo y práctico. Estos eventos suelen ser de corta duración y pueden proporcionar una comprensión profunda de un tema en particular.

c. Educación en Línea

La educación en línea ha revolucionado la forma en que aprendemos. Plataformas como Coursera, edX y Udemy ofrecen cursos sobre una amplia variedad de temas, permitiéndonos aprender a nuestro propio ritmo y desde cualquier lugar.

d. Autoaprendizaje

El autoaprendizaje implica buscar activamente información y conocimientos por nuestra cuenta. Esto puede incluir la lectura de libros, la escucha de podcasts, la visualización de videos educativos y la participación en foros y comunidades en línea.

3. Beneficios Personales de la Educación Continua

Invertir en nuestro propio conocimiento no solo mejora nuestras perspectivas profesionales, sino que también tiene numerosos beneficios personales:

a. Desarrollo Personal

La educación continua fomenta el desarrollo personal al ampliar nuestra comprensión del mundo y al mejorar nuestra capacidad para pensar críticamente y resolver problemas.

b. Confianza y Autoestima

Adquirir nuevas habilidades y conocimientos puede aumentar nuestra confianza y autoestima. Saber que estamos invirtiendo en nuestro crecimiento nos hace sentir más seguros y preparados para enfrentar desafíos.

c. Enriquecimiento Cultural

Aprender sobre diferentes culturas, idiomas y perspectivas amplía nuestra visión del mundo y nos hace más tolerantes y comprensivos. Esto no solo enriquece nuestra vida personal, sino que también mejora nuestras interacciones con los demás.

4. Beneficios Profesionales de la Educación Continua

La educación continua tiene un impacto directo en nuestras oportunidades y éxito profesional:

a. Avance en la Carrera

Adquirir nuevas habilidades y conocimientos puede abrir puertas a promociones y nuevas oportunidades laborales. Las empresas valoran a los empleados que demuestran un compromiso con el aprendizaje y la mejora continua.

b. Reducción del Riesgo de Desempleo

Mantener nuestras habilidades actualizadas reduce el riesgo de desempleo. En un mercado laboral competitivo, estar al día con las últimas tendencias y tecnologías nos hace más valiosos y menos susceptibles a la obsolescencia.

c. Emprendimiento y Innovación

La educación continua fomenta el espíritu emprendedor y la innovación. Aprender nuevas habilidades y adquirir conocimientos sobre diferentes áreas puede inspirarnos a iniciar nuestros propios negocios y a desarrollar soluciones creativas a problemas existentes.

5. Estrategias para Invertir en tu Propio Conocimiento

A continuación, se presentan algunas estrategias efectivas para invertir en nuestro propio conocimiento a través de la educación continua:

a. Establecer Metas de Aprendizaje

Definir metas claras de aprendizaje nos ayuda a mantenernos enfocados y motivados. Estas metas pueden ser a corto, mediano y largo plazo, y deben ser específicas, medibles, alcanzables, relevantes y con un tiempo definido (SMART).

b. Crear un Plan de Educación Continua

Un plan de educación continua nos permite organizar nuestras actividades de aprendizaje y asegurarnos de que estamos progresando hacia nuestras metas. Este plan debe incluir:

- **Cursos y Certificaciones:** Identificar los cursos y certificaciones relevantes para nuestras metas profesionales.
- **Lectura y Autoaprendizaje:** Establecer un calendario para la lectura de libros y otros materiales educativos.

- **Participación en Eventos:** Planificar la asistencia a seminarios, talleres y conferencias.

6. Superando Obstáculos en la Educación Continua

Aunque la educación continua es esencial, también puede presentar desafíos. A continuación, se describen algunos obstáculos comunes y cómo superarlos:

a. Falta de Tiempo

El tiempo es uno de los mayores obstáculos para la educación continua. Para superar esto, es importante:

- **Priorizar el Aprendizaje:** Tratar la educación continua como una prioridad y dedicar tiempo específico en nuestro horario para aprender.
- **Utilizar el Tiempo Muerto:** Aprovechar los momentos libres, como los desplazamientos o las esperas, para estudiar o leer.

b. Falta de Recursos Financieros

Los cursos y certificaciones pueden ser costosos, pero existen maneras de invertir en la educación continua sin gastar mucho dinero:

- **Recursos Gratuitos y Asequibles:** Aprovechar los recursos gratuitos y los cursos en línea asequibles.
- **Becas y Subvenciones:** Buscar becas y subvenciones que puedan cubrir los costos de la educación.

c. Falta de Motivación

Mantener la motivación puede ser un desafío, especialmente cuando estamos ocupados con otras responsabilidades. Para mantenernos motivados, es útil:

- **Recordar las Metas:** Mantener nuestras metas de aprendizaje a la vista para recordarnos por qué estamos invirtiendo en la educación continua.
- **Celebrar los Logros:** Reconocer y celebrar nuestros logros, por pequeños que sean, nos ayuda a mantenernos motivados.

Conclusión

Invertir en nuestro propio conocimiento a través de la educación continua es una de las mejores decisiones que podemos tomar para nuestro crecimiento personal y profesional. En un mundo en constante cambio, mantener nuestras habilidades y conocimientos actualizados nos permite adaptarnos, mejorar nuestras perspectivas laborales y alcanzar nuestras metas. Con un plan claro, la utilización de recursos disponibles y un compromiso constante con el aprendizaje, podemos aprovechar al máximo el poder de la educación continua para transformar nuestras vidas y carreras.

Capítulo 25: El Efecto de las Decisiones Cotidianas: Pequeños Cambios, Grandes Resultados

Las decisiones cotidianas que tomamos pueden parecer insignificantes en el momento, pero a lo largo del tiempo, pueden tener un impacto profundo en nuestras vidas. Este capítulo explora cómo las pequeñas decisiones diarias pueden conducir a grandes resultados, y cómo podemos aprovechar este efecto para mejorar nuestras finanzas, salud, relaciones y bienestar general.

1. Comprender el Efecto Compuesto

El principio fundamental detrás del impacto de las decisiones cotidianas es el **efecto compuesto**. Este principio se basa en la idea de que pequeñas acciones repetidas consistentemente a lo largo del tiempo se acumulan y generan resultados significativos.

a. Ejemplos del Efecto Compuesto

- **Finanzas:** Invertir una pequeña cantidad de dinero de manera regular puede crecer exponencialmente debido al interés compuesto. Por ejemplo, ahorrar $5 al día puede parecer poco, pero al final de un año se convierte en $1,825, y con el interés compuesto, esta cantidad crecerá aún más.
- **Salud:** Hacer ejercicio durante 30 minutos al día puede mejorar significativamente nuestra salud a largo plazo. Aunque cada sesión de ejercicio puede parecer mínima, los beneficios acumulados incluyen una mejor condición física, menor riesgo de enfermedades y una mayor esperanza de vida.
- **Habilidades:** Practicar una habilidad, como tocar un instrumento o aprender un idioma, durante unos minutos al día puede llevarnos a la maestría con el tiempo. La consistencia es clave para el desarrollo de cualquier habilidad.

2. Pequeños Cambios en las Finanzas Personales

Nuestras decisiones diarias relacionadas con el dinero pueden tener un impacto significativo en nuestra estabilidad financiera y nuestra capacidad para alcanzar metas a largo plazo.

a. Control de Gastos

Reducir gastos innecesarios puede liberar dinero para ahorros e inversiones. Algunas estrategias incluyen:

- **Presupuesto Diario:** Establecer un presupuesto diario para controlar los gastos y evitar compras impulsivas.
- **Análisis de Suscripciones:** Revisar las suscripciones y servicios que no se utilizan y cancelarlos para ahorrar dinero.
- **Comparación de Precios:** Comparar precios antes de hacer compras importantes para asegurarse de obtener la mejor oferta.

b. Ahorro Automático

Configurar transferencias automáticas a una cuenta de ahorros puede garantizar que una parte de nuestros ingresos se ahorre regularmente. Esto elimina la tentación de gastar ese dinero y facilita la acumulación de ahorros.

c. Inversiones Pequeñas y Regulares

Invertir pequeñas cantidades de manera regular en fondos de inversión o acciones puede aprovechar el poder del interés compuesto. Utilizar aplicaciones de inversión que redondean compras e invierten la diferencia es una manera fácil de empezar.

3. Pequeños Cambios en la Salud

La salud es otro ámbito donde las decisiones cotidianas tienen un impacto acumulativo significativo. Pequeños cambios en la dieta, el ejercicio y los hábitos pueden mejorar nuestro bienestar a largo plazo.

a. Alimentación Saludable

Incorporar hábitos alimenticios saludables en nuestra rutina diaria puede transformar nuestra salud:

- **Porciones Controladas:** Comer porciones más pequeñas y equilibradas puede ayudar a mantener un peso saludable y reducir el riesgo de enfermedades crónicas.
- **Aumentar el Consumo de Agua:** Beber suficiente agua cada día mejora la hidratación, la digestión y la función cognitiva.
- **Incorporar Frutas y Verduras:** Añadir más frutas y verduras a nuestra dieta diaria proporciona nutrientes esenciales y fibra.

b. Actividad Física Regular

Incorporar actividad física en nuestra rutina diaria puede tener beneficios significativos:

- **Ejercicio Diario:** Realizar al menos 30 minutos de ejercicio moderado, como caminar, nadar o andar en bicicleta, mejora la salud cardiovascular y la resistencia.
- **Pausas Activas:** Tomar breves descansos para estirarse o caminar durante la jornada laboral reduce el sedentarismo y mejora la circulación.
- **Rutinas de Fuerza:** Incluir ejercicios de fuerza, como levantamiento de pesas o yoga, fortalece los músculos y los huesos.

4. Pequeños Cambios en las Relaciones

Las relaciones personales y profesionales también se benefician de pequeños actos y decisiones diarias que fortalecen los vínculos y mejoran la comunicación.

a. Comunicación Efectiva

Mejorar nuestras habilidades de comunicación puede tener un impacto positivo en nuestras relaciones:

- **Escuchar Activamente:** Prestar atención completa cuando los demás hablan y mostrar interés genuino en sus palabras fortalece las relaciones.
- **Expresión Asertiva:** Expresar nuestras necesidades y sentimientos de manera clara y respetuosa evita malentendidos y conflictos.
- **Agradecimiento Diario:** Expresar gratitud y reconocimiento a los demás diariamente mejora el ambiente y las relaciones.

b. Tiempo de Calidad

Dedicar tiempo de calidad a nuestras relaciones es esencial para su fortalecimiento:

- **Actividades Conjuntas:** Participar en actividades que disfruten juntos fortalece los lazos y crea recuerdos compartidos.
- **Desconexión Digital:** Desconectarse de dispositivos electrónicos durante las interacciones personales mejora la atención y la conexión.
- **Actos de Bondad:** Realizar pequeños actos de bondad, como ayudar con tareas o dar cumplidos, demuestra cuidado y aprecio.

5. Pequeños Cambios en el Desarrollo Personal

El desarrollo personal se beneficia enormemente de pequeñas decisiones diarias que fomentan el crecimiento y el aprendizaje.

a. Lectura y Aprendizaje

Incorporar el aprendizaje continuo en nuestra vida diaria enriquece nuestro conocimiento y habilidades:

- **Lectura Diaria:** Leer libros, artículos o blogs diariamente expande nuestro conocimiento y perspectiva.
- **Cursos en Línea:** Tomar cursos en línea sobre temas de interés mejora nuestras habilidades y nos mantiene actualizados.
- **Reflexión Personal:** Dedicar tiempo a la reflexión personal, como llevar un diario, nos ayuda a comprender y mejorar nuestras experiencias.

b. Establecimiento de Metas

Establecer y seguir metas personales proporciona dirección y motivación:

- **Metas Pequeñas y Alcanzables:** Definir metas diarias o semanales que sean alcanzables nos motiva y nos acerca a nuestros objetivos a largo plazo.
- **Seguimiento del Progreso:** Monitorizar y registrar nuestro progreso hacia las metas nos mantiene enfocados y comprometidos.
- **Ajuste de Metas:** Revisar y ajustar nuestras metas según sea necesario nos permite adaptarnos y seguir avanzando.

6. Implementando Pequeños Cambios en la Vida Cotidiana

Para maximizar el impacto de las pequeñas decisiones diarias, es importante implementarlas de manera consistente y deliberada.

a. Crear Hábitos

Convertir pequeñas acciones en hábitos diarios es fundamental para su éxito a largo plazo:

- **Repetición y Consistencia:** Repetir una acción regularmente hasta que se convierta en un hábito automático.
- **Desencadenantes y Rutinas:** Identificar desencadenantes que nos recuerden realizar la acción deseada y establecer una rutina que la incluya.

- **Recompensas y Refuerzo:** Recompensar y reconocer nuestro progreso refuerza el hábito y nos motiva a continuar.

b. Minimizar Barreras

Reducir las barreras que dificultan la implementación de cambios facilita su adopción:

- **Preparación y Planificación:** Preparar con antelación lo necesario para realizar la acción deseada, como planificar comidas saludables o preparar la ropa de ejercicio.
- **Entorno Favorable:** Crear un entorno que apoye nuestras decisiones, como tener agua y frutas al alcance para fomentar una alimentación saludable.
- **Simplificación:** Simplificar las acciones para hacerlas más manejables y menos intimidantes, como comenzar con pequeños incrementos de tiempo en el ejercicio.

Conclusión

Las decisiones cotidianas, aunque parezcan insignificantes, tienen un impacto profundo cuando se toman de manera consistente. Aprovechar el poder del efecto compuesto y hacer pequeños cambios en nuestras finanzas, salud, relaciones y desarrollo personal puede generar grandes resultados a largo plazo. La clave está en la consistencia, la planificación y el compromiso con nuestras metas. Al ser conscientes de nuestras decisiones diarias y adoptar hábitos positivos, podemos transformar nuestra vida y alcanzar un bienestar integral.

Capítulo 26: La Resiliencia ante las Crisis: Cómo Afrontar los Desafíos Económicos

La vida está llena de desafíos y momentos difíciles, y las crisis económicas son una de las pruebas más significativas que podemos enfrentar. La resiliencia, entendida como la capacidad de adaptarse y recuperarse frente a la adversidad, es esencial para superar estos desafíos. Este capítulo explora cómo desarrollar y mantener la resiliencia ante las crisis económicas, proporcionando estrategias prácticas y consejos para fortalecer nuestra capacidad de afrontar las dificultades financieras.

1. Comprendiendo la Resiliencia Económica

La resiliencia económica se refiere a la capacidad de un individuo o una comunidad para resistir y recuperarse de los impactos negativos de las crisis económicas. Implica no solo sobrevivir a las dificultades, sino también adaptarse y salir fortalecidos de ellas.

a. Componentes de la Resiliencia Económica

- **Adaptabilidad:** La capacidad de ajustar nuestros hábitos y estrategias en respuesta a cambios económicos adversos.
- **Recuperación:** La habilidad de restablecer nuestra estabilidad financiera después de una crisis.
- **Crecimiento Post-crisis:** Utilizar la crisis como una oportunidad para aprender y mejorar nuestras habilidades financieras y de gestión.

b. Importancia de la Resiliencia Económica

Desarrollar resiliencia económica es crucial porque nos prepara para enfrentar y superar las crisis con mayor eficacia, reduciendo el impacto negativo en nuestra vida y bienestar. Nos permite mantener la estabilidad financiera, reducir el estrés y la ansiedad, y aprovechar las oportunidades que pueden surgir incluso en tiempos difíciles.

2. Preparación Financiera para las Crisis

La preparación es clave para afrontar las crisis económicas. Adoptar medidas preventivas y establecer una base financiera sólida puede minimizar el impacto de las dificultades económicas.

a. Fondo de Emergencia

Un fondo de emergencia es un colchón financiero que nos permite cubrir gastos inesperados sin endeudarnos. Para construir un fondo de emergencia:

- **Establecer una Meta:** Ahorrar al menos tres a seis meses de gastos básicos.
- **Ahorro Regular:** Destinar una parte de los ingresos mensuales al fondo de emergencia.
- **Acceso Fácil:** Mantener el fondo en una cuenta de ahorro líquida y de fácil acceso.

b. Diversificación de Ingresos

Diversificar nuestras fuentes de ingresos reduce el riesgo financiero y nos protege ante la pérdida de empleo o la disminución de ingresos. Algunas estrategias incluyen:

- **Trabajos Adicionales:** Buscar trabajos adicionales o freelancing en áreas de competencia.
- **Inversiones:** Invertir en diferentes activos, como acciones, bonos, bienes raíces y fondos mutuos.
- **Negocios Propios:** Iniciar un negocio propio o emprendimientos paralelos para generar ingresos adicionales.

c. Reducción de Deudas

Reducir y gestionar nuestras deudas es fundamental para aumentar nuestra resiliencia económica. Algunas tácticas incluyen:

- **Priorizar Deudas de Alto Interés:** Pagar primero las deudas con tasas de interés más altas.
- **Consolidación de Deudas:** Considerar la consolidación de deudas para simplificar los pagos y reducir las tasas de interés.
- **Evitar Nuevas Deudas:** Evitar adquirir nuevas deudas, especialmente en tiempos de incertidumbre económica.

3. Estrategias Durante la Crisis Económica

Durante una crisis económica, es esencial adoptar estrategias que nos permitan mantener la estabilidad financiera y minimizar el impacto negativo.

a. Evaluación y Ajuste del Presupuesto

Revisar y ajustar nuestro presupuesto en respuesta a la crisis es crucial:

- **Priorizar Gastos Esenciales:** Focalizarnos en los gastos esenciales, como alimentos, vivienda y servicios públicos.
- **Reducir Gastos No Esenciales:** Identificar y recortar gastos no esenciales, como entretenimiento y compras de lujo.
- **Reevaluar Suscripciones y Servicios:** Cancelar o suspender suscripciones y servicios innecesarios.

b. Maximización de Recursos

Aprovechar al máximo los recursos disponibles nos ayuda a reducir gastos y mantener la estabilidad financiera:

- **Programas de Asistencia:** Investigar y solicitar programas de asistencia gubernamental y comunitaria.
- **Intercambio de Servicios:** Participar en intercambios de servicios con amigos, familiares o vecinos para reducir costos.
- **Uso Eficiente de Recursos:** Utilizar eficientemente los recursos disponibles, como alimentos, energía y agua.

c. Generación de Ingresos Adicionales

Buscar oportunidades para generar ingresos adicionales puede aliviar la presión financiera:

- **Trabajos Temporales:** Buscar trabajos temporales o de medio tiempo para complementar los ingresos.
- **Venta de Bienes:** Vender artículos no utilizados o innecesarios para generar ingresos adicionales.
- **Freelancing y Consultoría:** Ofrecer servicios de freelancing o consultoría en áreas de especialización.

4. Fortalecimiento de la Resiliencia Personal

Además de las estrategias financieras, fortalecer nuestra resiliencia personal es crucial para afrontar las crisis económicas con éxito.

a. Desarrollo de Habilidades

Mejorar nuestras habilidades y competencias aumenta nuestra empleabilidad y capacidad de generar ingresos:

- **Educación Continua:** Participar en cursos, talleres y programas de formación para mejorar nuestras habilidades.
- **Certificaciones y Licencias:** Obtener certificaciones y licencias en áreas relevantes para aumentar nuestras oportunidades laborales.

b. Actitud Positiva y Proactiva

Mantener una actitud positiva y proactiva nos ayuda a enfrentar la crisis con mayor resiliencia:

- **Mentalidad de Crecimiento:** Adoptar una mentalidad de crecimiento, viendo la crisis como una oportunidad para aprender y crecer.

- **Enfoque en Soluciones:** Enfocarse en encontrar soluciones y tomar medidas proactivas en lugar de centrarse en los problemas.
- **Flexibilidad y Adaptabilidad:** Ser flexible y estar dispuesto a adaptarse a nuevas circunstancias y oportunidades.

5. Aprendizajes y Crecimiento Post-crisis

Utilizar la experiencia de la crisis como una oportunidad para aprender y crecer es fundamental para desarrollar una resiliencia duradera.

Evaluación de la Experiencia

Reflexionar sobre la experiencia de la crisis nos ayuda a identificar lecciones aprendidas y áreas de mejora:

- **Análisis de Decisiones:** Evaluar las decisiones tomadas durante la crisis y su efectividad.
- **Identificación de Fortalezas y Debilidades:** Reconocer nuestras fortalezas y áreas de mejora para futuras situaciones.
- **Planificación para el Futuro:** Desarrollar un plan de acción basado en las lecciones aprendidas para mejorar nuestra preparación ante futuras crisis.

Conclusión

Desarrollar y mantener la resiliencia ante las crisis económicas es esencial para enfrentar y superar los desafíos financieros. A través de la preparación financiera, la adopción de estrategias efectivas durante la crisis y el fortalecimiento de nuestra resiliencia personal, podemos no solo sobrevivir a las dificultades económicas, sino también salir fortalecidos de ellas. Al aprender de nuestras experiencias y aplicar las lecciones aprendidas, podemos construir una base sólida para un futuro más estable y próspero. La resiliencia no es solo la capacidad de resistir, sino también la capacidad de adaptarse, recuperarse y crecer a partir de las adversidades.

Capítulo 27: La Diversificación de Ingresos: Más Allá del Sueldo Mensual

En la economía moderna, depender únicamente de un sueldo mensual puede ser riesgoso. La diversificación de ingresos es una estrategia clave para mejorar la estabilidad financiera y aumentar el potencial de ingresos. Este capítulo explora en profundidad la importancia de la diversificación de ingresos, las diversas fuentes de ingresos adicionales disponibles y las estrategias para integrarlas efectivamente en nuestra vida financiera.

1. La Importancia de la Diversificación de Ingresos

La diversificación de ingresos implica generar ingresos a partir de múltiples fuentes en lugar de depender de una sola. Esto no solo proporciona una red de seguridad financiera, sino que también abre oportunidades para el crecimiento y la estabilidad a largo plazo.

a. Reducción del Riesgo Financiero

Depender de una sola fuente de ingresos puede ser arriesgado. La pérdida de un empleo o una disminución en el salario puede tener un impacto devastador en la estabilidad financiera. Diversificar los ingresos ayuda a mitigar estos riesgos, proporcionando una red de seguridad en caso de que una fuente de ingresos se vea afectada.

b. Aumento del Potencial de Ingresos

Tener múltiples fuentes de ingresos aumenta el potencial de ganancias totales. Incluso si una fuente de ingresos es pequeña, combinada con otras, puede contribuir significativamente a mejorar la situación financiera general.

c. Mayor Flexibilidad y Libertad Financiera

La diversificación de ingresos ofrece mayor flexibilidad y libertad financiera. Permite a las personas tomar decisiones basadas en sus intereses y pasiones, en lugar de estar limitados por la necesidad de mantener un solo trabajo. También puede proporcionar más tiempo y recursos para disfrutar de la vida y perseguir objetivos personales.

2. Fuentes Comunes de Ingresos Diversificados

Existen varias fuentes de ingresos adicionales que pueden complementar el sueldo mensual. Estas fuentes varían en términos de esfuerzo, inversión y retorno, y pueden adaptarse a diferentes habilidades e intereses.

a. Inversiones Financieras

Las inversiones financieras son una forma popular de generar ingresos adicionales. Invertir en el mercado de valores, bonos, fondos mutuos y otros instrumentos financieros puede proporcionar ingresos pasivos a través de intereses, dividendos y ganancias de capital.

- **Acciones:** Invertir en acciones de empresas permite obtener dividendos y beneficios por la apreciación del valor de las acciones.
- **Bonos:** Los bonos son instrumentos de deuda que pagan intereses regulares y devuelven el principal al vencimiento.
- **Fondos Mutuos y ETF:** Los fondos mutuos y los fondos cotizados en bolsa (ETF) permiten invertir en una cartera diversificada de activos.

b. Bienes Raíces

Invertir en bienes raíces es otra fuente efectiva de ingresos pasivos. Comprar propiedades para alquilar o invertir en bienes raíces comerciales puede generar ingresos regulares a través del alquiler y la apreciación del valor de las propiedades.

- **Propiedades de Alquiler:** Comprar y alquilar propiedades residenciales o comerciales proporciona ingresos mensuales por alquiler.

- **Flip de Propiedades:** Comprar, renovar y vender propiedades puede generar ganancias significativas si se realiza correctamente.
- **Fondos de Inversión Inmobiliaria (REITs):** Invertir en REITs permite obtener ingresos pasivos a través de la propiedad de bienes raíces sin la necesidad de gestionar las propiedades directamente.

c. Negocios Propios y Emprendimientos

Iniciar un negocio propio o un emprendimiento puede ser una fuente lucrativa de ingresos adicionales. Esto puede incluir una amplia gama de actividades, desde la venta de productos hasta la prestación de servicios.

- **E-commerce:** Crear una tienda en línea para vender productos puede generar ingresos significativos.
- **Servicios Profesionales:** Ofrecer servicios de consultoría, freelancing o tutoría en áreas de especialización.
- **Negocios Locales:** Iniciar un negocio local, como una cafetería, un restaurante o una tienda minorista.

d. Economía Colaborativa y Gig Economy

La economía colaborativa y la gig economy ofrecen diversas oportunidades para generar ingresos adicionales de manera flexible.

- **Conducción de Rideshare:** Trabajar como conductor para empresas de rideshare como Uber o Lyft.
- **Entrega de Comidas:** Trabajar para empresas de entrega de comidas como DoorDash o Uber Eats.
- **Alojamiento Compartido:** Alquilar habitaciones o propiedades a través de plataformas como Airbnb.

e. Creación de Contenidos y Marketing de Afiliados

La creación de contenidos en línea y el marketing de afiliados son formas populares de generar ingresos pasivos a través de Internet.

- **Blogs y Vlogs:** Crear contenido en blogs o vlogs y monetizar a través de publicidad, patrocinios y donaciones.
- **Marketing de Afiliados:** Promocionar productos y servicios de otras empresas y ganar comisiones por ventas generadas a través de enlaces afiliados.
- **Cursos en Línea:** Crear y vender cursos en línea en plataformas como Udemy o Teachable.

3. Estrategias para Integrar Múltiples Fuentes de Ingresos

Integrar múltiples fuentes de ingresos requiere planificación, organización y una gestión efectiva del tiempo. Aquí hay algunas estrategias para hacerlo de manera eficiente.

a. Identificar Oportunidades Relevantes

El primer paso es identificar oportunidades de ingresos adicionales que se alineen con nuestras habilidades, intereses y disponibilidad de tiempo. Esto aumenta la probabilidad de éxito y satisfacción personal.

b. Planificación y Gestión del Tiempo

Gestionar múltiples fuentes de ingresos requiere una buena gestión del tiempo. Es importante planificar y organizar el tiempo para equilibrar el trabajo principal con las actividades adicionales.

- **Calendario y Horarios:** Utilizar un calendario para programar tareas y actividades relacionadas con las diferentes fuentes de ingresos.
- **Prioridades:** Establecer prioridades y concentrarse en las actividades que ofrecen el mayor retorno sobre la inversión de tiempo y esfuerzo.

c. Gestión Financiera

Una gestión financiera sólida es crucial para manejar múltiples fuentes de ingresos. Es importante llevar un registro preciso de los ingresos y gastos, y asegurarse de que las finanzas estén bien organizadas.

- **Presupuesto y Contabilidad:** Mantener un presupuesto y registros contables detallados.
- **Ahorro e Inversión:** Asignar una parte de los ingresos adicionales al ahorro y la inversión para maximizar el crecimiento financiero.
- **Impuestos:** Asegurarse de cumplir con las obligaciones fiscales y considerar la contratación de un asesor financiero o contador.

Conclusión

La diversificación de ingresos es una estrategia poderosa para mejorar la estabilidad financiera, aumentar el potencial de ingresos y proporcionar mayor flexibilidad y libertad en la vida. Al explorar y aprovechar diversas fuentes de ingresos, podemos crear una base financiera más sólida y resiliente. La clave está en identificar oportunidades relevantes, planificar y gestionar el tiempo de manera efectiva, desarrollar habilidades y mantener una gestión financiera sólida. Con dedicación y esfuerzo, la diversificación de ingresos puede transformar nuestra vida financiera y ayudarnos a alcanzar nuestras metas y sueños.

Capítulo 28: El Poder de la Reducción de Gastos: Optimizando tu Presupuesto

La optimización del presupuesto mediante la reducción de gastos es una estrategia fundamental para mejorar la salud financiera. No se trata solo de recortar costos, sino de gastar de manera más inteligente y eficiente, asegurando que cada gasto aporte valor a nuestras vidas. Este capítulo explora en profundidad la importancia de la reducción de gastos, las áreas clave donde se puede aplicar, y las estrategias prácticas para optimizar el presupuesto sin sacrificar la calidad de vida.

1. La Importancia de la Reducción de Gastos

Reducir los gastos es crucial para una buena gestión financiera, ya que permite liberar recursos que pueden ser destinados al ahorro, la inversión y el logro de objetivos financieros a largo plazo.

a. Incrementar el Ahorro

La reducción de gastos incrementa la cantidad de dinero disponible para el ahorro. Ahorrar más permite crear un fondo de emergencia sólido, planificar para metas a largo plazo y prepararse para imprevistos financieros.

b. Reducción de Deudas

Liberar recursos a través de la reducción de gastos puede acelerar el pago de deudas. Esto no solo reduce la carga financiera, sino que también mejora la salud crediticia y reduce el estrés asociado con las deudas.

c. Logro de Objetivos Financieros

Gastar menos permite reasignar fondos hacia objetivos financieros importantes, como comprar una casa, invertir en educación o planificar la jubilación. Optimizar el presupuesto facilita la consecución de estas metas de manera más rápida y eficiente.

2. Identificación de Áreas Clave para la Reducción de Gastos

Para optimizar el presupuesto, es esencial identificar áreas donde se pueden realizar ajustes sin comprometer la calidad de vida. Algunas áreas clave incluyen:

a. Gastos Fijos

Los gastos fijos son aquellos que permanecen constantes cada mes, como el alquiler o la hipoteca, los servicios públicos y las primas de seguros. Aunque pueden parecer inamovibles, existen estrategias para reducirlos.

- **Renegociar Contratos:** Hablar con los proveedores de servicios para renegociar contratos y buscar mejores tarifas.
- **Reevaluar Necesidades:** Considerar si algunos servicios son realmente necesarios o si se pueden reducir (por ejemplo, un plan de cable más económico o menos servicios de streaming).
- **Uso Eficiente de Energía:** Implementar medidas de eficiencia energética para reducir las facturas de servicios públicos.

b. Gastos Variables

Los gastos variables fluctúan mes a mes e incluyen alimentos, transporte, entretenimiento y otros gastos discrecionales. Estos son más fáciles de ajustar y pueden proporcionar ahorros significativos.

- **Alimentación:** Planificar comidas, comprar al por mayor y evitar comer fuera con frecuencia.
- **Transporte:** Utilizar transporte público, compartir viajes o considerar opciones de transporte más económicas.
- **Entretenimiento:** Buscar alternativas de bajo costo o gratuitas para el entretenimiento, como actividades al aire libre o eventos comunitarios.

c. Gastos Discrecionales

Los gastos discrecionales son aquellos no esenciales que se pueden ajustar según las prioridades y preferencias personales. Incluyen compras impulsivas, hobbies y actividades de ocio.

- **Compras:** Establecer un presupuesto para compras no esenciales y priorizar artículos realmente necesarios.
- **Suscripciones:** Revisar y cancelar suscripciones no utilizadas o innecesarias.
- **Hobbies y Ocio:** Buscar alternativas económicas para hobbies y actividades de ocio.

3. Estrategias Prácticas para la Reducción de Gastos

Implementar estrategias prácticas puede hacer que la reducción de gastos sea más efectiva y sostenible a largo plazo.

a. Presupuesto Detallado

Crear y mantener un presupuesto detallado es la base para una gestión financiera eficaz. Un presupuesto permite tener una visión clara de los ingresos y gastos, identificar áreas de mejora y realizar ajustes necesarios.

- **Registro de Gastos:** Llevar un registro detallado de todos los gastos para tener una visión precisa de dónde va el dinero.
- **Categorías de Gastos:** Dividir los gastos en categorías para facilitar la identificación de áreas donde se pueden hacer recortes.
- **Revisión Regular:** Revisar y ajustar el presupuesto regularmente para adaptarse a cambios en los ingresos o necesidades.

b. Compra Inteligente

Ser un consumidor inteligente implica buscar las mejores ofertas y evitar gastos innecesarios.

- **Comparación de Precios:** Comparar precios antes de realizar una compra importante.
- **Uso de Cupones y Descuentos:** Aprovechar cupones, descuentos y promociones para ahorrar en compras.
- **Evitar Compras Impulsivas:** Tomarse el tiempo para reflexionar sobre la necesidad de una compra antes de realizarla.

c. Eficiencia en el Consumo

Utilizar los recursos de manera eficiente puede reducir significativamente los gastos.

- **Eficiencia Energética:** Implementar medidas de eficiencia energética en el hogar, como usar bombillas LED, electrodomésticos eficientes y mantener el aislamiento adecuado.
- **Reducción del Desperdicio:** Minimizar el desperdicio de alimentos, agua y otros recursos.
- **Reparación y Reutilización:** Reparar y reutilizar artículos en lugar de reemplazarlos inmediatamente.

d. Planificación Financiera

La planificación financiera a largo plazo es crucial para optimizar el presupuesto y alcanzar los objetivos financieros.

- **Establecimiento de Metas:** Definir metas financieras claras y específicas a corto, mediano y largo plazo.
- **Plan de Ahorro:** Desarrollar un plan de ahorro que incluya contribuciones regulares a cuentas de ahorro y de inversión.
- **Educación Financiera:** Invertir en educación financiera para mejorar el conocimiento y la toma de decisiones en temas financieros.

4. Herramientas y Recursos para la Optimización del Presupuesto

Existen diversas herramientas y recursos que pueden facilitar la gestión y optimización del presupuesto.

a. Asesores Financieros

Consultar a un asesor financiero puede proporcionar orientación personalizada y estrategias para optimizar el presupuesto y mejorar la salud financiera.

- **Planificación Financiera Integral:** Un asesor puede ayudar a desarrollar un plan financiero integral que incluya la reducción de gastos, el ahorro y la inversión.
- **Revisión de Gastos:** Un asesor puede revisar los gastos y proporcionar recomendaciones específicas para reducirlos y mejorar la eficiencia financiera.

b. Educación y Recursos en Línea

Existen numerosos recursos en línea que ofrecen educación y herramientas para la gestión financiera.

- **Blogs y Artículos:** Muchos blogs y sitios web ofrecen consejos prácticos y estrategias para la reducción de gastos.
- **Cursos en Línea:** Plataformas como Coursera, Udemy y Khan Academy ofrecen cursos sobre finanzas personales y gestión del dinero.
- **Foros y Comunidades:** Participar en foros y comunidades en línea puede proporcionar apoyo y compartir experiencias y consejos sobre la gestión financiera.

Estrategias de Reducción de Gastos en Negocios

Las estrategias utilizadas por negocios para reducir costos también pueden aplicarse a nivel personal.

- **Optimización de Procesos:** Aplicar principios de optimización de procesos para identificar y eliminar gastos innecesarios.
- **Negociación con Proveedores:** Negociar mejores términos y precios con proveedores y servicios.
- **Estrategias de Ahorro a Largo Plazo:** Invertir en medidas que reduzcan costos a largo plazo, como tecnología eficiente y capacitación.

Conclusión

El poder de la reducción de gastos radica en la capacidad de optimizar el presupuesto de manera que se liberen recursos para el ahorro, la inversión y el logro de objetivos financieros. Al identificar áreas clave para la reducción de gastos, implementar estrategias prácticas y utilizar herramientas y recursos disponibles, es posible mejorar la salud financiera sin sacrificar la calidad de vida. La clave está en gastar de manera inteligente y eficiente, asegurando que cada gasto aporte valor y contribuya al bienestar financiero a largo plazo.

Capítulo 29: La Mentalidad de Abundancia en la Inversión: No Temas a los Riesgos Calculados

Adoptar una mentalidad de abundancia en la inversión es clave para alcanzar la independencia financiera y el crecimiento económico a largo plazo. Esta mentalidad se centra en ver las oportunidades en lugar de los obstáculos y en tomar riesgos calculados para maximizar el potencial de crecimiento. Este capítulo explora la importancia de la mentalidad de abundancia en la inversión, cómo superar el miedo a los riesgos, y las estrategias para tomar decisiones de inversión informadas y efectivas.

1. La Importancia de la Mentalidad de Abundancia en la Inversión

La mentalidad de abundancia es una perspectiva que se enfoca en las oportunidades y el crecimiento, en lugar de la escasez y las limitaciones. En el contexto de la inversión, esta mentalidad permite a los inversores ver el potencial de sus inversiones y estar abiertos a nuevas oportunidades.

a. Enfoque en las Oportunidades

Adoptar una mentalidad de abundancia significa centrarse en las oportunidades de crecimiento y expansión. Esto permite a los inversores identificar y aprovechar oportunidades que otros pueden pasar por alto debido al miedo o la falta de confianza.

b. Crecimiento a Largo Plazo

Una mentalidad de abundancia fomenta un enfoque en el crecimiento a largo plazo en lugar de las ganancias rápidas. Los inversores con esta mentalidad están dispuestos a esperar y permitir que sus inversiones maduren, lo que a menudo resulta en rendimientos más altos.

2. Superar el Miedo a los Riesgos

El miedo a los riesgos es una barrera común que impide a muchas personas invertir. Sin embargo, es posible superar este miedo a través de la educación, la planificación y la experiencia.

a. Educación Financiera

La educación es fundamental para superar el miedo a los riesgos. Comprender cómo funcionan los mercados financieros, los diferentes tipos de inversiones y las estrategias de gestión de riesgos puede proporcionar la confianza necesaria para tomar decisiones informadas.

- **Cursos y Lecturas:** Participar en cursos de finanzas e inversión y leer libros y artículos sobre el tema.
- **Asesoramiento Profesional:** Consultar a asesores financieros para obtener orientación y apoyo.

b. Evaluación de Riesgos

La evaluación de riesgos implica analizar y comprender los posibles resultados de una inversión y su impacto en la cartera general.

- **Análisis de Riesgos:** Realizar un análisis de riesgos para identificar los posibles desafíos y su probabilidad.
- **Diversificación:** Diversificar la cartera para reducir el riesgo global. Invertir en una variedad de activos puede mitigar el impacto de una inversión que no funcione como se esperaba.
-

c. Experiencia y Aprendizaje

La experiencia es una de las mejores maneras de superar el miedo a los riesgos. Comenzar con pequeñas inversiones y aprender de cada experiencia puede construir confianza y conocimiento.

- **Inversiones Pequeñas:** Comenzar con inversiones pequeñas y aumentar gradualmente la cantidad invertida a medida que se gana confianza.
- **Revisión y Ajuste:** Revisar regularmente las inversiones y ajustar la estrategia según sea necesario en función de los resultados y el aprendizaje.

3. Estrategias para Tomar Riesgos Calculados

Tomar riesgos calculados implica tomar decisiones informadas y bien pensadas que tienen un potencial razonable de éxito. Aquí hay algunas estrategias clave para hacerlo.

a. Investigación y Análisis

La investigación y el análisis son esenciales para tomar decisiones de inversión informadas. Esto incluye analizar las empresas, los sectores y las tendencias del mercado.

- **Análisis Fundamental:** Evaluar el valor intrínseco de una empresa analizando sus estados financieros, gestión y posición en el mercado.
- **Análisis Técnico:** Utilizar gráficos y patrones históricos de precios para prever posibles movimientos del mercado.
- **Estudio de Tendencias:** Mantenerse informado sobre las tendencias económicas y del mercado que pueden influir en las inversiones.

b. Diversificación de la Cartera

La diversificación es una estrategia clave para gestionar el riesgo. Al invertir en una variedad de activos, se puede reducir el impacto negativo de cualquier inversión individual.

- **Diferentes Activos:** Invertir en acciones, bonos, bienes raíces y otros activos para diversificar la cartera.
- **Diversificación Geográfica:** Invertir en mercados globales para reducir la dependencia de cualquier economía individual.

- **Diversificación Sectorial:** Invertir en diferentes sectores económicos para mitigar el riesgo asociado con un sector específico.

c. Gestión Activa de la Cartera

La gestión activa implica monitorear y ajustar continuamente la cartera para optimizar los rendimientos y gestionar el riesgo.

- **Revisión Regular:** Revisar regularmente el desempeño de las inversiones y hacer ajustes según sea necesario.
- **Reequilibrio:** Reequilibrar la cartera para mantener la asignación de activos deseada y adaptarse a los cambios en el mercado.
- **Venta Estratégica:** Vender activos que no estén cumpliendo las expectativas y reinvertir en oportunidades con mejor potencial.

Conclusión

Adoptar una mentalidad de abundancia en la inversión y no temer a los riesgos calculados es fundamental para el éxito financiero a largo plazo. Al centrarse en las oportunidades, educarse, diversificar la cartera y utilizar herramientas y recursos disponibles, es posible tomar decisiones de inversión informadas y efectivas. La clave está en ver el potencial de crecimiento y estar dispuesto a tomar riesgos calculados para alcanzar la independencia financiera y el éxito económico. Con la mentalidad y las estrategias adecuadas, cualquier persona puede convertirse en un inversor exitoso y lograr sus metas financieras.

Capítulo 30: El Valor del Tiempo: Cómo Aprovecharlo al Máximo en tus Finanzas

El tiempo es uno de los recursos más valiosos y limitados que poseemos. En el ámbito financiero, su correcta gestión puede marcar la diferencia entre el éxito y el fracaso. Este capítulo explora cómo el tiempo puede ser un aliado poderoso en la gestión de las finanzas personales, la inversión y la planificación financiera a largo plazo. Además, proporciona estrategias para aprovechar al máximo este recurso en pro de la salud financiera.

1. La Importancia del Tiempo en las Finanzas

Comprender la relación entre el tiempo y las finanzas es fundamental para tomar decisiones informadas y estratégicas. El tiempo influye en varios aspectos clave de la gestión financiera, incluyendo el ahorro, la inversión y el crecimiento del patrimonio.

a. El Poder del Interés Compuesto

El interés compuesto es una de las fuerzas más poderosas en finanzas. Al reinvertir los intereses ganados, el capital crece exponencialmente con el tiempo.

- **Crecimiento Exponencial:** Con el tiempo, las inversiones pueden crecer de manera exponencial debido al efecto del interés compuesto. Cuanto más tiempo se deje crecer una inversión, mayor será el crecimiento.
- **Ejemplo Práctico:** Invertir $1,000 a una tasa de interés anual del 5% resultará en $1,628.89 en 10 años y $2,653.30 en 20 años, demostrando cómo el tiempo amplifica los rendimientos.

b. La Ventaja del Ahorro Temprano

Comenzar a ahorrar e invertir temprano proporciona una ventaja significativa, ya que permite más tiempo para que el dinero crezca y se aproveche el interés compuesto.

- **Ahorro Temprano vs. Tardío:** Una persona que comienza a ahorrar $200 al mes a los 25 años tendrá significativamente más dinero a los 65 años que alguien que empieza a los 35 años, incluso si la segunda persona ahorra el doble mensualmente.
- **Ejemplo Práctico:** Ahorro de $200 al mes a una tasa de interés anual del 6% acumula aproximadamente $464,076 en 40 años, en comparación con $236,725 en 30 años.

c. La Importancia de la Planificación a Largo Plazo

La planificación financiera a largo plazo permite establecer y alcanzar objetivos financieros a lo largo del tiempo. Esto incluye la planificación para la jubilación, la educación de los hijos y la compra de una vivienda.

- **Establecimiento de Metas:** Definir metas financieras claras y específicas para el futuro.
- **Estrategia de Inversión:** Desarrollar una estrategia de inversión que se alinee con los objetivos a largo plazo.
- **Ajustes y Revisión:** Revisar y ajustar regularmente el plan financiero para adaptarse a cambios en las circunstancias personales y económicas.

2. Estrategias para Aprovechar al Máximo el Tiempo en Finanzas

Aprovechar el tiempo de manera efectiva en la gestión financiera requiere la implementación de estrategias específicas que maximicen los beneficios del tiempo.

a. Comenzar a Invertir Temprano

Invertir temprano es una de las estrategias más efectivas para aprovechar el tiempo a favor de las finanzas personales.

- **Inversiones Iniciales:** Comenzar con inversiones pequeñas y aumentar gradualmente la cantidad invertida a medida que se gana experiencia y confianza.

- **Diversificación Temprana:** Diversificar la cartera desde el principio para mitigar riesgos y maximizar rendimientos.
- **Reinversión de Ganancias:** Reinvertir las ganancias obtenidas para aprovechar el interés compuesto.

b. Gestión Eficiente del Tiempo

Gestionar eficientemente el tiempo diario puede liberar más recursos para dedicarlos a la planificación y gestión financiera.

- **Priorizar Tareas Financieras:** Asignar tiempo específico para revisar y gestionar las finanzas personales.
- **Utilizar Herramientas Digitales:** Aprovechar aplicaciones y software de gestión financiera para simplificar y agilizar la gestión del dinero.
- **Evitar Procrastinación:** Evitar posponer tareas financieras importantes y abordarlas de manera proactiva.

3. Herramientas y Recursos para Maximizar el Uso del Tiempo en Finanzas

Existen diversas herramientas y recursos que pueden ayudar a gestionar el tiempo de manera más efectiva en el ámbito financiero.

a. Plataformas de Inversión Automatizada

Las plataformas de inversión automatizada, o robo-advisors, gestionan las inversiones de manera eficiente, optimizando el tiempo del inversor.

- **Betterment:** Plataforma que ofrece gestión automatizada de inversiones y planificación financiera.
- **Wealthfront:** Ofrece una variedad de servicios de inversión automatizados, incluyendo la gestión de carteras y la planificación de objetivos.
- **Acorns:** Redondea automáticamente las compras y las invierte en una cartera diversificada.
-

b. Planificación y Calendarios

El uso de calendarios y herramientas de planificación puede ayudar a organizar y gestionar el tiempo de manera más efectiva, asegurando que se dedique tiempo regularmente a la gestión financiera.

- **Google Calendar:** Utilizar calendarios digitales para programar revisiones financieras y recordatorios de pagos.
- **Trello:** Herramienta de gestión de proyectos que puede utilizarse para organizar tareas financieras y seguir el progreso.
- **Evernote:** Aplicación para tomar notas y organizar información financiera importante.

Conclusión

El tiempo es un recurso invaluable en la gestión financiera. Aprovecharlo al máximo puede significar la diferencia entre alcanzar los objetivos financieros y quedarse corto. Al comprender la importancia del tiempo, implementar estrategias efectivas para gestionarlo y utilizar las herramientas y recursos disponibles, es posible optimizar las finanzas personales y alcanzar la independencia financiera. La clave está en comenzar temprano, ser constante y proactivo, y utilizar el tiempo como un aliado poderoso en el camino hacia el éxito financiero.

Capítulo 31: La Comunicación Financiera: Hablar de Dinero sin Tabúes

Introducción

Hablar de dinero ha sido históricamente un tema tabú en muchas culturas y sociedades. Las finanzas personales suelen considerarse un asunto privado, y discutir sobre ellas puede ser incómodo o incluso inapropiado. Sin embargo, la comunicación financiera abierta y honesta es crucial para la salud económica tanto individual como familiar. Este capítulo explorará por qué es importante hablar de dinero, los beneficios de hacerlo, las barreras que impiden una comunicación efectiva, y las estrategias para superar esas barreras.

Fomento de la Transparencia y la Confianza

En cualquier relación, ya sea personal o profesional, la transparencia es fundamental para establecer y mantener la confianza. Hablar abiertamente sobre las finanzas permite a las personas comprender mejor la situación económica de los demás y tomar decisiones informadas que afecten a ambas partes. En una relación de pareja, por ejemplo, la falta de comunicación sobre las finanzas puede llevar a malentendidos, resentimientos y, en última instancia, conflictos serios.

Toma de Decisiones Informadas

La comunicación financiera efectiva permite a las personas tomar decisiones más informadas. Conocer los ingresos, gastos, deudas y objetivos financieros de uno mismo y de su pareja o familia permite planificar y presupuestar de manera más precisa. Esto puede ayudar a evitar problemas como el endeudamiento excesivo y a lograr metas financieras a largo plazo, como comprar una casa o ahorrar para la jubilación.

Reducción del Estrés Financiero

El dinero es una de las principales fuentes de estrés en la vida de las personas. La incertidumbre y la falta de claridad sobre la situación financiera pueden aumentar la ansiedad. Hablar abiertamente sobre las finanzas puede reducir este estrés al proporcionar una imagen clara y comprensible de la situación económica. Además, compartir preocupaciones y buscar soluciones en conjunto puede aliviar la carga emocional asociada con los problemas financieros.

Barreras para la Comunicación Financiera

Normas Culturales y Sociales

En muchas culturas, hablar de dinero se considera de mal gusto o inapropiado. Estas normas sociales pueden dificultar que las personas discutan abiertamente sus finanzas. Las diferencias culturales también pueden influir en cómo se perciben y se manejan las conversaciones sobre dinero.

Miedo al Juicio y la Vergüenza

El miedo a ser juzgado por las decisiones financieras o la situación económica puede impedir que las personas hablen abiertamente sobre dinero. La vergüenza asociada con las deudas, los errores financieros o las dificultades económicas puede llevar a las personas a ocultar información y evitar conversaciones necesarias.

Desigualdad de Poder y Conocimiento

En muchas relaciones, puede haber una desigualdad en términos de poder y conocimiento financiero. Si una persona tiene más experiencia o comprensión sobre las finanzas que la otra, esto puede crear una dinámica de poder desequilibrada que dificulte una comunicación abierta y honesta.

Estrategias para Mejorar la Comunicación Financiera

Educación Financiera

La educación financiera es fundamental para mejorar la comunicación sobre dinero. Comprender conceptos básicos como presupuestos, ahorro, inversión y deuda puede empoderar a las personas para hablar con confianza sobre sus finanzas. Participar en cursos de educación financiera, leer libros o artículos sobre el tema, y buscar el asesoramiento de profesionales financieros son pasos importantes para mejorar el conocimiento y la comprensión financiera.

Crear un Ambiente Seguro y Sin Juicios

Es importante crear un ambiente seguro donde las personas se sientan cómodas hablando de dinero sin miedo a ser juzgadas. Esto implica escuchar activamente, mostrar empatía y evitar críticas. Fomentar un diálogo abierto y respetuoso puede ayudar a las personas a sentirse más seguras al compartir información financiera.

Establecer Reuniones Financieras Regulares

Programar reuniones financieras regulares puede ser una manera efectiva de mantener la comunicación abierta sobre las finanzas. Estas reuniones pueden incluir la revisión de presupuestos, la discusión de metas financieras y la planificación de gastos futuros. Establecer un horario regular para estas conversaciones puede ayudar a normalizar el tema del dinero y a evitar que las discusiones financieras se conviertan en un tabú.

Uso de Herramientas y Tecnologías

Existen muchas herramientas y tecnologías disponibles que pueden facilitar la comunicación financiera. Aplicaciones de presupuestos, hojas de cálculo y software de gestión financiera pueden ayudar a las personas a seguir sus finanzas y a compartir información de manera clara y organizada. Estas herramientas pueden hacer que las conversaciones sobre dinero sean más estructuradas y menos intimidantes.

Buscar Asesoramiento Profesional

En algunos casos, puede ser útil buscar el asesoramiento de un profesional financiero. Los asesores financieros pueden proporcionar una perspectiva objetiva y ofrecer consejos basados en la situación económica de cada individuo o familia. Además, pueden mediar en discusiones difíciles y ayudar a desarrollar planes financieros a largo plazo.

Conclusión

Hablar de dinero sin tabúes es crucial para la salud financiera y emocional de las personas y las familias. Superar las barreras culturales, sociales y emocionales para la comunicación financiera requiere esfuerzo, educación y la creación de un ambiente de confianza y respeto. Al fomentar una comunicación abierta y honesta sobre las finanzas, las personas pueden tomar decisiones más informadas, reducir el estrés financiero y establecer relaciones más sólidas y transparentes.

Capítulo 32: El Impacto de la Gratitud: Apreciar lo que Tienes para Atraer más

Introducción

La gratitud es una práctica poderosa que puede transformar nuestras vidas de maneras significativas. Más allá de ser una simple expresión de agradecimiento, la gratitud puede impactar positivamente en nuestra salud mental, relaciones y bienestar general. Este capítulo explorará el impacto de la gratitud, cómo cultivarla, y cómo apreciar lo que tenemos puede atraer más abundancia a nuestras vidas.

La Ciencia de la Gratitud

Beneficios Psicológicos

Numerosos estudios han demostrado que la gratitud puede mejorar significativamente nuestra salud mental. Las personas que practican la gratitud regularmente tienden a experimentar menos síntomas de depresión y ansiedad. La gratitud también se asocia con un mayor optimismo y satisfacción con la vida. Al centrarnos en lo que tenemos en lugar de en lo que nos falta, podemos cambiar nuestra perspectiva y encontrar más alegría en nuestro día a día.

Beneficios Físicos

La gratitud también tiene efectos positivos en nuestra salud física. Las investigaciones sugieren que las personas agradecidas tienden a cuidarse mejor, lo que incluye hacer ejercicio regularmente, comer de manera más saludable y mantener buenos hábitos de sueño. Además, la gratitud se ha relacionado con una presión arterial más baja y un sistema inmunológico más fuerte.

Beneficios Sociales

La gratitud fortalece nuestras relaciones. Expresar agradecimiento a los demás puede mejorar nuestras conexiones sociales y fomentar un sentido de comunidad y pertenencia. Las personas agradecidas tienden a ser más empáticas y comprensivas, lo que facilita la construcción de relaciones más profundas y significativas.

Cómo Cultivar la Gratitud

Diario de Gratitud

Una de las formas más efectivas de cultivar la gratitud es llevar un diario de gratitud. Esto implica escribir regularmente sobre las cosas por las que estamos agradecidos. Puede ser algo tan simple como una comida deliciosa o un gesto amable de un amigo. Al dedicar tiempo a reflexionar sobre lo que valoramos, entrenamos nuestra mente para enfocarse en los aspectos positivos de nuestra vida.

Práctica de la Atención Plena

La atención plena, o mindfulness, es una práctica que nos ayuda a estar presentes en el momento y a apreciar plenamente nuestras experiencias. Incorporar la gratitud en nuestras prácticas de atención plena puede amplificar sus efectos positivos. Por ejemplo, durante una sesión de meditación, podemos centrarnos en las cosas por las que estamos agradecidos y sentir un profundo aprecio por ellas.

Expresar Gratitud a los Demás

Expresar gratitud directamente a las personas que nos rodean es otra manera poderosa de cultivar esta práctica. Esto puede hacerse a través de palabras, cartas o gestos. Al expresar nuestro agradecimiento, no solo mejoramos nuestra propia felicidad, sino que también fortalecemos nuestras relaciones y creamos un ambiente más positivo y solidario.

Visualización Positiva

La visualización positiva implica imaginar escenarios futuros en los que nuestras metas y deseos se han cumplido. Al combinar esta técnica con la gratitud, podemos visualizar nuestros éxitos futuros mientras sentimos un profundo aprecio por ellos. Esto no solo nos motiva a trabajar hacia nuestras metas, sino que también nos ayuda a mantener una actitud positiva y agradecida.

El Poder de Apreciar lo que Tienes

Cambiar la Perspectiva

Apreciar lo que tenemos nos permite cambiar nuestra perspectiva de escasez a abundancia. En lugar de centrarnos en lo que nos falta, aprendemos a ver y valorar las cosas buenas que ya están presentes en nuestras vidas. Este cambio de perspectiva puede reducir sentimientos de envidia y resentimiento, y aumentar nuestra satisfacción y felicidad general.

Atraer Más Abundancia

La Ley de la Atracción sugiere que atraemos lo que pensamos y sentimos. Al practicar la gratitud y sentirnos verdaderamente agradecidos por lo que tenemos, enviamos al universo una energía de abundancia. Esta energía positiva puede atraer más cosas buenas a nuestras vidas, ya que nos alineamos con la frecuencia de la abundancia y la prosperidad.

Estrategias para Mantener la Gratitud

Reflexión Diaria

Incorporar un momento de reflexión diaria sobre la gratitud puede ayudarnos a mantener esta práctica en nuestra vida cotidiana. Esto puede ser por la mañana, al despertar, o por la noche, antes de dormir. Al hacer de la gratitud una parte regular de nuestra rutina, nos aseguramos de que permanezca en el centro de nuestra atención.

Celebrar los Logros

Tomarse el tiempo para celebrar nuestros logros, grandes y pequeños, es una manera efectiva de practicar la gratitud. Al reconocer y apreciar nuestros éxitos, reforzamos una mentalidad positiva y agradecida. Estas celebraciones pueden ser personales o compartidas con amigos y familiares, lo que también fortalece nuestras conexiones sociales.

Actos de Bondad

Realizar actos de bondad hacia los demás es otra manera de cultivar la gratitud. Estos actos no solo benefician a quienes los reciben, sino que también nos llenan de un sentido de propósito y satisfacción. La gratitud y la bondad están intrínsecamente vinculadas, y al practicar una, fortalecemos la otra.

Conclusión

La gratitud es una herramienta poderosa que puede transformar nuestras vidas de manera profunda y duradera. Al apreciar lo que tenemos, podemos mejorar nuestra salud mental y física, fortalecer nuestras relaciones y atraer más abundancia a nuestras vidas. Cultivar la gratitud requiere práctica y dedicación, pero los beneficios son inmensos. Al incorporar la gratitud en nuestra vida diaria, podemos encontrar más alegría, satisfacción y prosperidad.

Capítulo 33: La Planificación a Largo Plazo: Creando Metas Financieras Sostenibles

Introducción

La planificación financiera a largo plazo es esencial para asegurar la estabilidad y el crecimiento económico personal y familiar. Establecer metas financieras sostenibles nos permite tomar decisiones informadas, prepararnos para el futuro y alcanzar nuestras aspiraciones económicas. Este capítulo explorará la importancia de la planificación a largo plazo, cómo establecer metas financieras sostenibles, y las estrategias para mantener el rumbo hacia su cumplimiento.

La Importancia de la Planificación Financiera a Largo Plazo

Estabilidad y Seguridad Económica

La planificación a largo plazo proporciona una base sólida para la estabilidad económica. Al establecer metas claras y desarrollar un plan para alcanzarlas, podemos evitar problemas financieros inesperados y asegurarnos de que estamos preparados para los desafíos futuros. Esto incluye la creación de un fondo de emergencia, la planificación para la jubilación y la gestión de deudas.

Crecimiento y Prosperidad

La planificación a largo plazo nos permite enfocarnos en el crecimiento económico y la acumulación de riqueza. Al definir metas financieras específicas, como ahorrar para una casa o invertir en el mercado de valores, podemos tomar medidas concretas para aumentar nuestros activos y mejorar nuestra situación económica con el tiempo.

Definir Metas Claras y Alcanzables

El primer paso para crear metas financieras sostenibles es definir claramente lo que queremos lograr. Las metas deben ser específicas, medibles, alcanzables, relevantes y con un tiempo definido (SMART). Por ejemplo, en lugar de simplemente "ahorrar dinero," una meta SMART sería "ahorrar $10,000 en dos años para el pago inicial de una casa."

Priorizar Metas

Es importante priorizar nuestras metas financieras para asegurarnos de que estamos enfocando nuestros recursos y esfuerzos en las áreas más importantes. Esto puede incluir la priorización de la eliminación de deudas antes de comenzar a invertir, o asegurarnos de que tenemos un fondo de emergencia antes de planificar grandes compras.

Crear un Plan de Acción

Una vez que hemos definido y priorizado nuestras metas, necesitamos crear un plan de acción detallado para alcanzarlas. Esto incluye identificar los pasos específicos que debemos tomar, establecer un cronograma y asignar recursos. Por ejemplo, si nuestra meta es ahorrar para la jubilación, nuestro plan de acción podría incluir abrir una cuenta de jubilación, establecer contribuciones mensuales y revisar nuestras inversiones anualmente.

Monitorear y Ajustar

La planificación financiera a largo plazo no es un proceso estático. Es crucial monitorear nuestro progreso regularmente y hacer ajustes según sea necesario. Esto puede incluir revisar nuestro presupuesto, ajustar nuestras inversiones o modificar nuestras metas en función de cambios en nuestras circunstancias personales o económicas.

Revisión Regular del Plan Financiero

Es importante revisar nuestro plan financiero regularmente para asegurarnos de que estamos en el camino correcto. Esto puede incluir revisiones trimestrales o anuales de nuestro presupuesto, inversiones y metas financieras. Estas revisiones nos permiten identificar áreas donde podemos mejorar y hacer ajustes según sea necesario.

Mantener la Disciplina y la Motivación

Mantener la disciplina y la motivación es crucial para alcanzar nuestras metas a largo plazo. Esto puede incluir establecer hitos intermedios, celebrar pequeños logros y recordar constantemente nuestras razones para alcanzar nuestras metas. La disciplina financiera nos ayuda a evitar gastos innecesarios y a mantenernos enfocados en nuestros objetivos a largo plazo.

Herramientas y Recursos para la Planificación Financiera

Software y Aplicaciones Financieras

Existen muchas herramientas digitales disponibles que pueden ayudarnos a gestionar nuestras finanzas y planificar a largo plazo. Aplicaciones de presupuesto, software de seguimiento de inversiones y plataformas de planificación financiera pueden simplificar el proceso y proporcionarnos una visión clara de nuestra situación económica.

Asesoramiento Financiero Profesional

Buscar el asesoramiento de un profesional financiero puede ser una inversión valiosa. Los asesores financieros pueden proporcionarnos una perspectiva objetiva, ayudarnos a desarrollar un plan financiero personalizado y ofrecernos consejos basados en nuestra situación específica. Además, pueden ayudarnos a navegar por decisiones financieras complejas y a mantenernos enfocados en nuestras metas a largo plazo.

Recursos Educativos

Existen numerosos recursos educativos disponibles para aprender sobre la planificación financiera. Estos incluyen libros, podcasts, blogs, y cursos en línea. Mantenernos informados y educados sobre temas financieros nos capacita para tomar decisiones más informadas y efectivas.

Conclusión

La planificación financiera a largo plazo es esencial para alcanzar la estabilidad, el crecimiento y la prosperidad económica. Al establecer metas financieras sostenibles, crear un plan de acción detallado y mantenernos disciplinados y motivados, podemos asegurarnos de que estamos preparados para el futuro y en el camino hacia nuestras aspiraciones económicas. Utilizar herramientas y recursos disponibles, buscar asesoramiento profesional y continuar nuestra educación financiera son pasos clave para mantener el rumbo y alcanzar nuestras metas financieras a largo plazo.

Capítulo 34: El Poder de las Redes Sociales: Conectar con Influencers Financieros

Introducción

Las redes sociales han revolucionado la forma en que nos comunicamos, compartimos información y nos educamos. En el ámbito de las finanzas, las plataformas sociales ofrecen acceso a una amplia gama de expertos e influencers financieros que comparten sus conocimientos, estrategias y consejos. Este capítulo explorará el impacto de las redes sociales en la educación financiera, cómo conectar con influencers financieros y aprovechar sus conocimientos para mejorar nuestra salud financiera.

El Impacto de las Redes Sociales en la Educación Financiera

Acceso a Información y Conocimientos

Las redes sociales han democratizado el acceso a la información financiera. A través de plataformas como YouTube, Instagram, Twitter y TikTok, los usuarios pueden acceder a contenido educativo sobre una variedad de temas financieros, desde la inversión y el ahorro hasta la gestión de deudas y la planificación para la jubilación. Este acceso gratuito y fácil a la información ha hecho que la educación financiera sea más accesible para una audiencia más amplia.

Actualizaciones y Tendencias en Tiempo Real

Las plataformas sociales permiten a los usuarios mantenerse actualizados con las últimas tendencias y noticias financieras en tiempo real. Los influencers financieros a menudo comentan sobre eventos económicos actuales, cambios en el mercado y nuevas oportunidades de inversión, lo que ayuda a sus seguidores a tomar decisiones informadas rápidamente.

Conectar con Influencers Financieros

Identificación de Influencers Fiables

No todos los influencers financieros ofrecen consejos sólidos y confiables. Es crucial identificar a aquellos que tienen credenciales, experiencia y una reputación bien establecida en el ámbito financiero. Investigar su historial, leer reseñas y verificar sus calificaciones puede ayudar a asegurarnos de que estamos siguiendo a personas con conocimientos auténticos.

Diversidad de Fuentes

Seguir a una variedad de influencers financieros puede proporcionar una visión más completa y equilibrada. Cada influencer puede tener un enfoque diferente, ya sea la inversión en bienes raíces, el comercio de acciones, la gestión de deudas o la planificación de la jubilación. Al diversificar nuestras fuentes, podemos obtener una gama más amplia de perspectivas y estrategias.

Interacción y Participación

Las redes sociales permiten una interacción directa con los influencers financieros. Aprovechar esta oportunidad para hacer preguntas, participar en discusiones y buscar aclaraciones puede enriquecer nuestra comprensión de los conceptos financieros. Muchos influencers también ofrecen sesiones en vivo, webinars y Q&A, donde los seguidores pueden obtener respuestas en tiempo real.

Evaluación Crítica de la Información

Es importante abordar la información de las redes sociales con un enfoque crítico. Verificar los datos, comparar múltiples fuentes y consultar con profesionales financieros antes de tomar decisiones importantes puede ayudarnos a evitar errores costosos. Las redes sociales pueden ser una excelente herramienta educativa, pero deben complementarse con otras fuentes de información confiables.

Estrategias para Aprovechar el Conocimiento de los Influencers Financieros

Creación de una Lista Curada de Influencers

Crear una lista curada de influencers financieros confiables y relevantes puede ser una manera eficaz de mantenerse informado. Esta lista puede incluir expertos en diferentes áreas de las finanzas, asegurando una cobertura amplia de temas y estrategias. Utilizar herramientas como listas de Twitter o seguir hashtags específicos en Instagram puede facilitar el seguimiento de contenido relevante.

Participación Activa en Comunidades

Unirse a grupos y foros en redes sociales dedicados a la educación financiera puede proporcionar un entorno de apoyo y aprendizaje continuo. Participar activamente en estas comunidades, compartir experiencias y aprender de los demás puede enriquecer nuestro conocimiento y mantenernos motivados en nuestro viaje financiero.

Implementación de Consejos y Estrategias

Es importante no solo consumir información, sino también poner en práctica los consejos y estrategias que aprendemos de los influencers financieros. Esto puede incluir la creación de un presupuesto, invertir en una cuenta de jubilación o seguir un plan de ahorro específico. La implementación activa de estos consejos puede conducir a mejoras tangibles en nuestra situación financiera.

Seguimiento y Evaluación

Monitorear nuestro progreso y evaluar la efectividad de las estrategias que hemos adoptado es crucial para el éxito a largo plazo. Mantener un registro de nuestras finanzas, revisar nuestros objetivos regularmente y ajustar nuestras estrategias según sea necesario puede asegurarnos de que estamos en el camino correcto hacia nuestras metas financieras.

Beneficios de Conectar con Influencers Financieros

Inspiración y Motivación

Seguir a influencers financieros exitosos puede ser una fuente constante de inspiración y motivación. Ver los logros y el progreso de otros puede motivarnos a seguir trabajando hacia nuestras propias metas y a mantenernos disciplinados en nuestras prácticas financieras.

Acceso a Recursos Exclusivos

Muchos influencers financieros ofrecen recursos exclusivos a sus seguidores, como guías, cursos, herramientas y plantillas. Aprovechar estos recursos puede proporcionarnos herramientas adicionales para gestionar nuestras finanzas de manera más efectiva.

Actualización Continua

El mundo financiero está en constante cambio, y mantenerse actualizado es crucial. Los influencers financieros suelen estar al tanto de las últimas tendencias, cambios en el mercado y oportunidades emergentes. Seguir a estos expertos puede asegurarnos de que estamos siempre informados y preparados para adaptarnos a nuevas circunstancias.

Riesgos y Consideraciones

Sobrecarga de Información

La cantidad de información disponible en las redes sociales puede ser abrumadora. Es importante ser selectivos y filtrar la información para evitar la sobrecarga y enfocarnos en contenido que realmente aporte valor a nuestras necesidades financieras.

Influencia de Opiniones Sesgadas

No todos los influencers tienen las mismas intenciones o niveles de integridad. Algunos pueden tener intereses sesgados o promocionar productos y servicios de manera no ética. Evaluar críticamente la información y considerar múltiples perspectivas puede ayudarnos a tomar decisiones más equilibradas.

Dependencia Exclusiva en Redes Sociales

Si bien las redes sociales son una herramienta valiosa, no deben ser nuestra única fuente de información financiera. Complementar lo que aprendemos en las redes sociales con educación formal, libros, artículos académicos y asesoramiento profesional puede proporcionarnos una base más sólida y completa.

Conclusión

El poder de las redes sociales para conectar con influencers financieros y acceder a una vasta cantidad de información educativa es innegable. Aprovechar estas plataformas de manera estratégica puede mejorar significativamente nuestra educación financiera y ayudarnos a alcanzar nuestras metas económicas. Sin embargo, es crucial abordar esta información con una mentalidad crítica, diversificar nuestras fuentes y complementar el aprendizaje con recursos adicionales y asesoramiento profesional. Al hacerlo, podemos maximizar los beneficios de las redes sociales y navegar nuestro camino financiero con mayor confianza y conocimiento.

Capítulo 35: La Automatización de Inversiones: Estrategias para el Futuro

Introducción

La automatización de inversiones ha revolucionado la forma en que gestionamos nuestras carteras financieras. Gracias a los avances tecnológicos, es posible automatizar muchas de las tareas relacionadas con la inversión, desde la asignación de activos hasta el rebalanceo de carteras y la reinversión de dividendos. Este capítulo explorará las ventajas y desventajas de la automatización de inversiones, las estrategias más efectivas para el futuro y cómo integrar estas herramientas en nuestra planificación financiera.

La Automatización de Inversiones: Una Visión General

¿Qué es la Automatización de Inversiones?

La automatización de inversiones se refiere al uso de tecnología y algoritmos para gestionar inversiones sin intervención manual constante. Esto puede incluir la selección de activos, la asignación de fondos, el rebalanceo periódico y la implementación de estrategias específicas basadas en reglas predefinidas.

Tipos de Automatización

- **Roboadvisors:** Plataformas en línea que proporcionan servicios de gestión de inversiones automatizados basados en algoritmos. Ejemplos incluyen Betterment, Wealthfront y Robinhood.
- **Planes de Inversión Sistemáticos:** Programas que permiten a los inversores realizar contribuciones automáticas a sus cuentas de inversión en intervalos regulares.
- **Reinversión de Dividendos:** Herramientas que reinvierten automáticamente los dividendos recibidos en la misma acción o fondo, aumentando así el valor de la inversión a lo largo del tiempo.

Ventajas de la Automatización de Inversiones

Reducción de Errores Humanos

La automatización minimiza la intervención humana, reduciendo así el riesgo de errores y decisiones emocionales que pueden afectar negativamente el rendimiento de la inversión. Los algoritmos siguen reglas preestablecidas y no se ven influenciados por el miedo o la avaricia.

Ahorro de Tiempo

La automatización ahorra tiempo al eliminar la necesidad de monitoreo y ajustes constantes. Esto permite a los inversores centrarse en otras áreas de sus vidas, sabiendo que sus inversiones están siendo gestionadas de manera eficiente.

Costos Reducidos

Muchos servicios de automatización, como los roboadvisors, ofrecen comisiones más bajas en comparación con los asesores financieros tradicionales. Esto se debe a la eficiencia y escalabilidad de los algoritmos que gestionan las inversiones.

Consistencia en la Estrategia

La automatización asegura que la estrategia de inversión se siga consistentemente sin desviaciones. Esto es especialmente importante en estrategias a largo plazo, donde la consistencia puede conducir a mejores resultados.

Desventajas de la Automatización de Inversiones

Falta de Personalización

Aunque la automatización puede ser muy eficiente, puede carecer de la personalización que un asesor financiero humano puede ofrecer.

Las necesidades y circunstancias individuales pueden no ser completamente abordadas por algoritmos predefinidos.

Dependencia de la Tecnología

La automatización depende en gran medida de la tecnología, lo que puede ser una desventaja en caso de fallos técnicos o ciberataques. Además, los algoritmos pueden no adaptarse rápidamente a eventos imprevistos del mercado.

Ausencia de Toma de Decisiones Humanas

En situaciones complejas o excepcionales, la toma de decisiones humanas puede ser más adecuada. Los algoritmos pueden no tener la capacidad de considerar factores cualitativos o intangibles que un asesor humano podría evaluar.

Estrategias de Automatización de Inversiones para el Futuro

Utilización de Roboadvisors

Los roboadvisors son una opción popular para aquellos que buscan automatizar sus inversiones. Estos servicios utilizan algoritmos avanzados para crear y gestionar carteras basadas en el perfil de riesgo y los objetivos del inversor. Al seleccionar un roboadvisor, es importante considerar factores como las comisiones, la estructura de tarifas y la calidad del servicio al cliente.

Implementación de Planes de Contribución Automática

Configurar contribuciones automáticas a nuestras cuentas de inversión puede asegurarnos de que estamos invirtiendo consistentemente, independientemente de las condiciones del mercado. Esto puede incluir transferencias automáticas desde nuestra cuenta bancaria a cuentas de jubilación, cuentas de ahorro para la educación o cuentas de corretaje.

Estrategias de Rebalanceo Automático

El rebalanceo periódico de la cartera es crucial para mantener la asignación de activos deseada y gestionar el riesgo. Las herramientas de rebalanceo automático ajustan la cartera según las necesidades, vendiendo activos que han aumentado en valor y comprando aquellos que han disminuido, manteniendo así el equilibrio óptimo.

Automatización de la Reinversión de Dividendos

Reinvertir automáticamente los dividendos recibidos puede aumentar significativamente el valor de la inversión a largo plazo. Este proceso asegura que los dividendos se utilicen para comprar más acciones del mismo activo, aprovechando el poder del interés compuesto.

Monitoreo y Ajustes Periódicos

Aunque la automatización reduce la necesidad de intervención constante, es importante monitorear nuestras inversiones y realizar ajustes según sea necesario. Esto puede incluir la revisión de nuestras metas financieras, la reevaluación de nuestro perfil de riesgo y la adaptación a cambios en nuestras circunstancias personales.

Integración de Herramientas y Recursos de Automatización

Plataformas de Inversión en Línea

Las plataformas de inversión en línea ofrecen una amplia gama de herramientas de automatización que pueden ser personalizadas según nuestras necesidades. Estas plataformas proporcionan acceso a diversos activos, análisis de mercado y herramientas de seguimiento que facilitan la gestión automatizada de inversiones.

Aplicaciones Móviles y Software

Las aplicaciones móviles y el software de inversión facilitan la gestión de nuestras inversiones desde cualquier lugar. Estas herramientas permiten configurar alertas, realizar un seguimiento del rendimiento y ajustar nuestras carteras con facilidad. Al seleccionar una aplicación o software, es importante considerar la usabilidad, la seguridad y las funcionalidades ofrecidas.

Educación Continua y Recursos

Mantenerse informado sobre las últimas tendencias y desarrollos en la automatización de inversiones es crucial para maximizar su efectividad. Participar en webinars, leer libros y artículos, y seguir a expertos en finanzas en redes sociales pueden proporcionarnos conocimientos valiosos y mantenernos actualizados sobre las mejores prácticas.

Conclusión

La automatización de inversiones ofrece una forma eficiente y efectiva de gestionar nuestras carteras financieras, reduciendo errores humanos, ahorrando tiempo y costos, y asegurando la consistencia en la implementación de nuestras estrategias de inversión. Sin embargo, es importante abordar la automatización con una mentalidad crítica, equilibrando los beneficios con las posibles desventajas y complementando las herramientas automatizadas con monitoreo y ajustes periódicos. Al integrar la automatización de inversiones en nuestra planificación financiera, podemos prepararnos mejor para el futuro y alcanzar nuestras metas financieras de manera más eficiente y efectiva.

Capítulo 36: La Deuda Inteligente: Diferenciando entre Buenas y Malas Deudas

Introducción

La deuda es una herramienta financiera poderosa que puede ser utilizada para lograr metas y mejorar nuestra situación económica, pero también puede convertirse en una carga si no se maneja adecuadamente. La clave para utilizar la deuda de manera inteligente radica en entender la diferencia entre buenas y malas deudas. Este capítulo explorará estos conceptos, proporcionando estrategias y consejos para gestionar la deuda de manera efectiva y utilizarla a nuestro favor.

Definición de Deuda

La deuda es una cantidad de dinero que una persona, empresa o entidad debe a otra. Esta obligación surge generalmente a través de préstamos, créditos o la emisión de bonos. Los términos de la deuda incluyen la cantidad prestada (principal), la tasa de interés y el plazo para el reembolso.

Tipos Comunes de Deuda

- **Préstamos Hipotecarios:** Préstamos a largo plazo utilizados para comprar bienes raíces.
- **Préstamos Estudiantiles:** Préstamos para financiar la educación superior.
- **Préstamos Personales:** Préstamos no garantizados utilizados para diversos fines personales.
- **Tarjetas de Crédito:** Líneas de crédito rotativas que pueden ser utilizadas para compras diarias.
- **Préstamos para Automóviles:** Préstamos utilizados para financiar la compra de vehículos.

Diferenciando entre Buenas y Malas Deudas

Buenas Deudas

Las buenas deudas son aquellas que pueden mejorar nuestra situación financiera a largo plazo. Estas deudas se utilizan para adquirir activos que pueden generar ingresos o aumentar de valor con el tiempo.

Ejemplos de Buenas Deudas

- **Préstamos Hipotecarios:** Comprar una casa puede ser una buena deuda si el valor de la propiedad aumenta con el tiempo y si los pagos mensuales son manejables dentro del presupuesto.
- **Préstamos Estudiantiles:** Invertir en educación puede ser una buena deuda si conduce a mejores oportunidades laborales y un mayor potencial de ingresos.
- **Préstamos para Negocios:** Financiar un negocio que tiene el potencial de crecer y generar ingresos puede ser una buena deuda.

Características de las Buenas Deudas

- **Potencial de Apreciación:** El activo adquirido con la deuda puede aumentar de valor.
- **Generación de Ingresos:** La deuda puede ayudar a generar ingresos futuros.
- **Tasas de Interés Favorables:** Las buenas deudas suelen tener tasas de interés relativamente bajas y condiciones favorables.

Malas Deudas

Las malas deudas son aquellas que no generan ingresos y pueden disminuir nuestra riqueza a largo plazo. Estas deudas suelen financiar gastos que no se aprecian y pueden tener tasas de interés altas.

Ejemplos de Malas Deudas

- **Tarjetas de Crédito:** Utilizar tarjetas de crédito para gastos diarios sin la capacidad de pagar el saldo completo cada mes puede resultar en altos costos de interés.
- **Préstamos para Automóviles:** Aunque necesarios, los automóviles se deprecian con el tiempo, lo que convierte estos préstamos en malas deudas si no se gestionan adecuadamente.
- **Préstamos de Día de Pago:** Estos préstamos a corto plazo tienen tasas de interés extremadamente altas y pueden llevar a un ciclo de deuda difícil de romper.

Características de las Malas Deudas

- **Depreciación del Activo:** El activo adquirido pierde valor con el tiempo.
- **Altas Tasas de Interés:** Las malas deudas suelen tener tasas de interés elevadas.
- **No Generación de Ingresos:** La deuda no contribuye a generar ingresos futuros.

Estrategias para Gestionar la Deuda

Evaluar y Priorizar Deudas

Es crucial evaluar todas las deudas y priorizarlas en función de la tasa de interés, el saldo y la importancia del activo adquirido. Pagar primero las deudas con las tasas de interés más altas puede ahorrar dinero a largo plazo.

Consolidación de Deudas

La consolidación de deudas implica combinar varias deudas en una sola con una tasa de interés más baja. Esto puede simplificar los pagos y reducir los costos de interés, facilitando la gestión de la deuda.

Refinanciamiento

El refinanciamiento de deudas, especialmente hipotecas y préstamos estudiantiles, puede resultar en tasas de interés más bajas y pagos mensuales más manejables. Es importante considerar los costos asociados con el refinanciamiento y compararlos con los ahorros potenciales.

Presupuesto y Planificación

Crear y mantener un presupuesto es esencial para gestionar la deuda. Asignar una parte de los ingresos mensuales para el pago de deudas y seguir el plan rigurosamente puede acelerar el proceso de pago y prevenir la acumulación de nuevas deudas.

Uso Responsable del Crédito

Utilizar el crédito de manera responsable es crucial para evitar malas deudas. Esto incluye no gastar más de lo que se puede pagar, mantener los saldos de las tarjetas de crédito bajos y pagar las facturas a tiempo.

Herramientas y Recursos para la Gestión de la Deuda

Asesoramiento Financiero

Buscar el asesoramiento de un profesional financiero puede proporcionar una perspectiva objetiva y estrategias personalizadas para gestionar la deuda. Los asesores financieros pueden ayudar a crear un plan de pago de deudas y ofrecer orientación sobre consolidación y refinanciamiento.

Aplicaciones y Software de Gestión de Deudas

Existen numerosas aplicaciones y software que pueden ayudar a rastrear y gestionar las deudas. Estas herramientas permiten configurar recordatorios de pagos, monitorear el progreso y calcular los intereses ahorrados al realizar pagos adicionales.

Programas de Educación Financiera

Participar en programas de educación financiera puede mejorar nuestra comprensión de la deuda y proporcionar habilidades prácticas para gestionar nuestras finanzas. Estos programas pueden incluir cursos en línea, seminarios y talleres.

Construcción de un Futuro Financiero Saludable

Establecer un Fondo de Emergencia

Tener un fondo de emergencia puede prevenir la acumulación de nuevas deudas en caso de gastos inesperados. Es recomendable tener entre tres a seis meses de gastos de vida guardados en una cuenta de fácil acceso.

Planificación de la Jubilación

Contribuir regularmente a un plan de jubilación, como un 401(k) o una IRA, puede asegurar la estabilidad financiera a largo plazo. Aprovechar las contribuciones automáticas y los beneficios fiscales asociados con estos planes es una estrategia inteligente.

Conclusión

Entender la diferencia entre buenas y malas deudas es fundamental para gestionar nuestras finanzas de manera inteligente. Las buenas deudas pueden ayudarnos a alcanzar nuestras metas financieras y mejorar nuestra situación económica, mientras que las malas deudas pueden convertirse en una carga y disminuir nuestra riqueza. Al implementar estrategias efectivas de gestión de la deuda, utilizar recursos y herramientas disponibles, y continuar educándonos sobre las finanzas, podemos asegurar un futuro financiero saludable y sostenible.

Capítulo 37: El Equilibrio entre Generosidad y Autocuidado: Cómo Ayudar sin Descuidarte

Introducción

La generosidad es una cualidad admirable que puede enriquecer nuestras vidas y las de los demás. Sin embargo, ser generoso no debe significar sacrificar nuestro bienestar personal. Encontrar el equilibrio entre ayudar a los demás y cuidarnos a nosotros mismos es crucial para mantener una vida saludable y sostenible. En este capítulo, exploraremos cómo practicar la generosidad de manera efectiva sin descuidar nuestras propias necesidades.

Beneficios para la Salud Mental y Emocional

La generosidad tiene un impacto positivo en nuestra salud mental y emocional. Ayudar a los demás puede aumentar nuestros niveles de felicidad y satisfacción, reducir el estrés y mejorar nuestra autoestima. Además, la generosidad fomenta la conexión social y fortalece nuestras relaciones.

Beneficios para la Comunidad

La generosidad contribuye al bienestar de nuestra comunidad. Al donar tiempo, dinero o recursos, podemos ayudar a satisfacer las necesidades de quienes nos rodean, crear un sentido de solidaridad y promover el desarrollo social y económico.

Beneficios para la Salud Física

Algunos estudios sugieren que la generosidad puede tener beneficios para la salud física, como la reducción de la presión arterial y una mayor longevidad. Estos efectos se atribuyen a la disminución del estrés y al aumento de los sentimientos de conexión y propósito.

La Importancia del Autocuidado

El autocuidado es el conjunto de acciones y prácticas que realizamos para mantener y mejorar nuestra salud física, mental y emocional. Incluye actividades como hacer ejercicio, comer saludablemente, descansar adecuadamente y dedicar tiempo a actividades que disfrutamos.

Beneficios del Autocuidado

Mejor Salud Física y Mental

El autocuidado adecuado mejora nuestra salud física y mental. Una dieta balanceada, ejercicio regular y descanso adecuado son fundamentales para prevenir enfermedades y mantener un estado de bienestar general.

Mejora del Rendimiento y la Productividad

El autocuidado también mejora nuestro rendimiento y productividad. Al cuidar de nosotros mismos, podemos mantener altos niveles de energía y concentración, lo que nos permite ser más efectivos en nuestras actividades diarias y en nuestras interacciones con los demás.

Fortalecimiento de las Relaciones

Cuando nos cuidamos a nosotros mismos, estamos en una mejor posición para cuidar y apoyar a los demás. El autocuidado nos ayuda a establecer límites saludables y a mantener relaciones equilibradas y satisfactorias.

Estrategias para Equilibrar Generosidad y Autocuidado

Reconocer Nuestras Limitaciones

Es importante reconocer nuestras propias limitaciones y no comprometernos en exceso. Esto implica ser honestos con nosotros mismos sobre lo que podemos manejar y aprender a decir "no" cuando sea necesario.

Comunicación Clara

Comunicar nuestras limitaciones de manera clara y respetuosa es esencial para establecer límites saludables. Esto puede incluir hablar abiertamente con familiares, amigos y colegas sobre nuestras necesidades y capacidades.

Planificación y Organización

Asignación de Recursos

Planificar y organizar cómo asignamos nuestros recursos, ya sean tiempo, dinero o energía, nos ayuda a ser generosos sin descuidarnos. Establecer un presupuesto para donaciones y voluntariado, y reservar tiempo para el autocuidado, son prácticas importantes.

Practicar la Generosidad Sostenible

Donaciones Inteligentes

Realizar donaciones de manera inteligente implica investigar y elegir causas y organizaciones que resuenen con nuestros valores y que utilicen los recursos de manera efectiva. Esto asegura que nuestras contribuciones tengan un impacto significativo.

Voluntariado Estratégico

Voluntariado de manera estratégica significa encontrar oportunidades que se alineen con nuestras habilidades e intereses y que nos permitan contribuir de manera significativa sin agotarnos. Es importante elegir actividades que nos aporten satisfacción y que no interfieran con nuestras necesidades personales.

Cultivar una Mentalidad de Equilibrio

Reflexión y Autoevaluación

La reflexión y la autoevaluación regular nos ayudan a mantener el equilibrio entre generosidad y autocuidado. Preguntarnos cómo nos sentimos y si nuestras acciones están alineadas con nuestras metas y valores puede guiarnos en la toma de decisiones.

Aprender a Aceptar Ayuda

Ser generosos no significa que no podamos recibir ayuda. Aprender a aceptar apoyo de los demás cuando lo necesitamos es crucial para mantener nuestro bienestar. Reconocer que no podemos hacerlo todo solos nos permite construir una red de apoyo sólida.

Conclusión

Equilibrar la generosidad y el autocuidado es esencial para vivir una vida plena y sostenible. La generosidad nos permite contribuir positivamente a nuestras comunidades y mejorar nuestras relaciones, mientras que el autocuidado asegura que podemos mantenernos saludables y efectivos en nuestras acciones. Al establecer límites, planificar y organizar nuestras actividades, y cultivar una mentalidad de equilibrio, podemos ayudar a los demás sin descuidar nuestras propias necesidades. Practicar la generosidad de manera sostenible y responsable no solo beneficia a quienes ayudamos, sino que también nos permite vivir una vida más equilibrada y satisfactoria.

Capítulo 38: La Mentalidad de Prosperidad: Creer que Mereces el Éxito Financiero

Introducción

La mentalidad de prosperidad es un enfoque positivo y constructivo hacia el dinero y el éxito financiero. Implica creer que merecemos la abundancia y que tenemos el poder de alcanzar nuestras metas financieras. Este capítulo explorará cómo desarrollar una mentalidad de prosperidad, superar las creencias limitantes y adoptar hábitos que nos acerquen al éxito financiero.

¿Qué es la Mentalidad de Prosperidad?

Definición

La mentalidad de prosperidad es una forma de pensar que nos permite ver y aprovechar las oportunidades de crecimiento financiero. Esta mentalidad se basa en la creencia de que hay suficiente abundancia para todos y que con esfuerzo, planificación y actitud positiva, podemos alcanzar nuestras metas financieras.

Comparación con la Mentalidad de Escasez

- **Mentalidad de Prosperidad:** Cree en la abundancia, la posibilidad y la capacidad de alcanzar el éxito. Fomenta la generosidad, la gratitud y el optimismo.
- **Mentalidad de Escasez:** Cree en la limitación, la carencia y la competencia. Fomenta la ansiedad, la avaricia y el pesimismo.

Identificación y Superación de Creencias Limitantes

Reconocer Creencias Limitantes

Las creencias limitantes son pensamientos negativos y autoderrotistas sobre el dinero y el éxito financiero que nos impiden alcanzar nuestro potencial. Ejemplos comunes incluyen: "Nunca seré rico," "No soy bueno con el dinero," o "El dinero es la raíz de todos los males."

Desafiar y Reemplazar Creencias Limitantes

Para desarrollar una mentalidad de prosperidad, es esencial desafiar estas creencias limitantes y reemplazarlas por pensamientos positivos y empoderadores. Esto puede incluir afirmaciones como: "Merezco la abundancia," "Soy capaz de gestionar mi dinero sabiamente," o "El dinero es una herramienta para el bien."

Practicar la Gratitud

Importancia de la Gratitud

La gratitud es un componente clave de la mentalidad de prosperidad. Al enfocarnos en lo que ya tenemos y apreciarlo, atraemos más abundancia a nuestras vidas. La gratitud nos ayuda a mantener una perspectiva positiva y a reconocer las oportunidades que nos rodean.

Prácticas de Gratitud

- **Diario de Gratitud:** Escribir diariamente sobre las cosas por las que estamos agradecidos.
- **Meditación de Gratitud:** Dedicar tiempo a reflexionar y agradecer por las bendiciones en nuestras vidas.
- **Expresar Gratitud:** Agradecer a las personas que nos han ayudado y apoyado en nuestro camino financiero.

Visualización y Metas Financieras

Poder de la Visualización

La visualización es una técnica poderosa que nos permite imaginar nuestro éxito financiero en detalle. Al visualizar nuestras metas, creamos un mapa mental que nos guía hacia su realización.

Establecimiento de Metas Financieras Claras

Tener metas financieras claras y específicas nos da un sentido de dirección y propósito. Estas metas deben ser realistas, medibles y alcanzables. Por ejemplo, en lugar de decir "quiero ser rico," una meta más específica podría ser "quiero ahorrar $10,000 en los próximos 12 meses."

Importancia de la Educación Financiera

La educación financiera es fundamental para desarrollar una mentalidad de prosperidad. Entender cómo funciona el dinero, cómo invertir y cómo gestionar nuestras finanzas personales nos empodera para tomar decisiones informadas y estratégicas.

Generosidad y Filantropía

Importancia de la Generosidad

La generosidad no solo beneficia a los demás, sino que también refuerza nuestra mentalidad de prosperidad. Al dar, enviamos el mensaje de que tenemos suficiente y que estamos abiertos a recibir más.

Prácticas de Generosidad

- **Donaciones Regulares:** Establecer donaciones regulares a causas que nos importan.
- **Voluntariado:** Dedicar tiempo y habilidades para ayudar a los demás.

- **Apoyo a la Comunidad:** Participar en iniciativas comunitarias y apoyar a las pequeñas empresas locales.

Reflexión Regular

Tomarse el tiempo para reflexionar sobre nuestros pensamientos, acciones y progreso financiero es esencial para mantener una mentalidad de prosperidad. La reflexión regular nos permite identificar áreas de mejora y celebrar nuestros logros.

Autoevaluación de Metas

Revisar nuestras metas financieras periódicamente y ajustarlas según sea necesario nos asegura que estamos en el camino correcto. La autoevaluación nos ayuda a mantenernos enfocados y motivados.

Conclusión

Desarrollar y mantener una mentalidad de prosperidad es esencial para alcanzar el éxito financiero y vivir una vida plena. Al superar las creencias limitantes, practicar la gratitud, visualizar nuestras metas y adoptar hábitos saludables, podemos transformar nuestra relación con el dinero y atraer abundancia a nuestras vidas. La educación continua, la autoevaluación y rodearse de influencias positivas son claves para mantener esta mentalidad y disfrutar de los beneficios de la prosperidad a largo plazo. Creer que merecemos el éxito financiero es el primer paso hacia la realización de nuestras metas y sueños.

Capítulo 39: El Impacto de la Salud Física en tus Finanzas: Bienestar = Riqueza

Introducción

La relación entre la salud física y las finanzas es profunda y multifacética. Mantener una buena salud física no solo mejora la calidad de vida, sino que también tiene un impacto directo y significativo en nuestra situación financiera. En este capítulo, exploraremos cómo el bienestar físico puede contribuir a la riqueza y cómo una vida saludable puede llevar a una vida financiera más próspera y estable

Costos Directos de la Mala Salud

Gastos Médicos

La mala salud puede resultar en gastos médicos elevados. Tratamientos, medicamentos, hospitalizaciones y consultas médicas pueden consumir una parte significativa de los ingresos, especialmente si no se cuenta con un seguro de salud adecuado.

Pérdida de Ingresos

Las enfermedades y problemas de salud pueden llevar a la pérdida de ingresos debido a la incapacidad para trabajar. Esto puede incluir ausencias por enfermedad, discapacidad a largo plazo o la necesidad de trabajar menos horas.

Beneficios Financieros de la Buena Salud

Reducción de Gastos Médicos

Mantenerse saludable puede reducir significativamente los costos médicos. Las personas que practican hábitos saludables, como una dieta equilibrada, ejercicio regular y chequeos médicos preventivos, tienden a tener menos problemas de salud y, por lo tanto, menos gastos médicos.

Mayor Productividad y Potencial de Ingresos

Una buena salud física puede aumentar la productividad y el potencial de ingresos. Las personas saludables suelen tener más energía, mejor concentración y menor ausentismo, lo que puede llevar a un mejor desempeño laboral y mayores oportunidades de avance profesional.

Hábitos de Vida Saludables que Fomentan la Riqueza

Impacto de la Dieta en la Salud

Una dieta equilibrada y nutritiva es fundamental para mantener una buena salud. Consumir alimentos ricos en nutrientes, como frutas, verduras, proteínas magras y granos enteros, puede prevenir enfermedades crónicas como la diabetes, enfermedades cardíacas y obesidad.

Consejos para una Alimentación Saludable

- **Planificación de Comidas:** Planificar las comidas con anticipación para asegurarse de incluir alimentos saludables y evitar opciones rápidas y poco saludables.
- **Cocinar en Casa:** Preparar comidas en casa permite controlar los ingredientes y las porciones, y puede ser más económico que comer fuera.
- **Evitar Alimentos Procesados:** Limitar el consumo de alimentos procesados y azucarados que pueden contribuir a problemas de salud a largo plazo.

Ejercicio y Actividad Física

Beneficios del Ejercicio Regular

El ejercicio regular tiene numerosos beneficios para la salud física y mental. Puede mejorar la salud cardiovascular, fortalecer los músculos y huesos, reducir el estrés y mejorar el estado de ánimo.

Incorporar Ejercicio en la Rutina Diaria

- **Ejercicio Aeróbico:** Actividades como caminar, correr, nadar o andar en bicicleta son excelentes para la salud cardiovascular.
- **Entrenamiento de Fuerza:** Levantar pesas o hacer ejercicios de resistencia puede fortalecer los músculos y mejorar el metabolismo.
- **Flexibilidad y Equilibrio:** Practicar yoga o pilates puede mejorar la flexibilidad y el equilibrio, reduciendo el riesgo de lesiones.

Sueño y Descanso

Importancia del Sueño

El sueño es crucial para la salud general. La falta de sueño puede afectar negativamente la función cognitiva, la memoria y el estado de ánimo, y está asociada con un mayor riesgo de enfermedades crónicas.

Estrategias para Mejorar el Sueño

- **Rutina de Sueño Consistente:** Ir a la cama y despertarse a la misma hora todos los días para regular el reloj interno del cuerpo.
- **Ambiente de Sueño Adecuado:** Crear un ambiente de sueño cómodo y oscuro, y evitar el uso de dispositivos electrónicos antes de acostarse.
- **Relajación:** Practicar técnicas de relajación como la meditación o la lectura antes de dormir para mejorar la calidad del sueño.

Efectos del Estrés en la Salud y Finanzas

El estrés crónico puede tener efectos negativos en la salud física y mental, y también puede llevar a problemas financieros. Las personas estresadas pueden tener dificultades para concentrarse y tomar decisiones financieras racionales, lo que puede llevar a malas decisiones de gasto y endeudamiento.

Salud Mental y Productividad

Impacto de la Salud Mental en el Trabajo

La salud mental afecta directamente la productividad y el desempeño laboral. La depresión, la ansiedad y otros problemas de salud mental pueden llevar a ausencias laborales, baja productividad y dificultades en el manejo de tareas y responsabilidades.

Promover la Salud Mental

- **Terapia y Asesoramiento:** Buscar terapia o asesoramiento profesional puede ser útil para manejar problemas de salud mental.
- **Equilibrio Trabajo-Vida:** Mantener un equilibrio saludable entre el trabajo y la vida personal es crucial para la salud mental y el bienestar general.

Inversiones en Salud

Invertir en Seguro de Salud

Tener un seguro de salud adecuado es una inversión importante en el bienestar financiero. Un buen seguro de salud puede cubrir gastos médicos significativos y proporcionar acceso a atención médica preventiva y tratamientos necesarios.

Gastos en Salud Preventiva

Invertir en salud preventiva, como chequeos médicos regulares, vacunas y exámenes de detección, puede prevenir problemas de salud graves y costosos a largo plazo.

Conclusión

El bienestar físico es fundamental para la estabilidad y el éxito financiero. Mantener una buena salud a través de una nutrición adecuada, ejercicio regular y cuidado mental no solo mejora nuestra calidad de vida, sino que también tiene un impacto directo en nuestras finanzas. Al adoptar hábitos saludables y aprovechar los recursos disponibles, podemos construir una vida más próspera y equilibrada. Bienestar y riqueza están interconectados, y al priorizar nuestra salud, estamos invirtiendo en nuestro futuro financiero.

Capítulo 40: El Legado que Quieres Dejar: Más Allá del Aspecto Monetario

Introducción

El concepto de legado a menudo se asocia con la transmisión de bienes materiales y riqueza monetaria a las generaciones futuras. Sin embargo, el legado va mucho más allá del aspecto financiero. Involucra los valores, las enseñanzas, las experiencias y las contribuciones que dejamos en la vida de otros y en la comunidad en general. Este capítulo explorará cómo construir y dejar un legado significativo que perdure más allá del dinero, impactando positivamente en las vidas de las personas y en la sociedad.

Concepto de Legado

El legado es la huella que dejamos en el mundo, la influencia duradera que nuestras acciones, decisiones y valores tienen en las generaciones futuras. Es el impacto acumulativo de nuestra vida en el entorno que nos rodea.

Legado Personal

El legado personal incluye nuestras relaciones, valores y enseñanzas. Es cómo impactamos en la vida de nuestros seres queridos y cómo seremos recordados por ellos.

Legado Profesional

El legado profesional abarca nuestras contribuciones y logros en el ámbito laboral. Es la influencia que tenemos en nuestros colegas, la industria y el campo en el que trabajamos.

Legado Social

El legado social se refiere a las contribuciones que hacemos a la comunidad y la sociedad en general. Incluye actividades de voluntariado, filantropía y esfuerzos para mejorar el bienestar social.

Identificación de Valores

Identificar y vivir de acuerdo con nuestros valores y principios es fundamental para construir un legado personal significativo. Estos valores pueden incluir la integridad, la compasión, la generosidad y la perseverancia.

Enseñanza de Valores

Transmitir estos valores a las generaciones futuras, ya sea a través de la crianza de los hijos, el liderazgo o la mentoría, ayuda a perpetuar nuestra influencia positiva.

Importancia de las Relaciones

Las relaciones significativas son el núcleo de un legado personal duradero. Las conexiones profundas con la familia, amigos y la comunidad crean un impacto positivo que perdura.

Cultivar Relaciones

Invertir tiempo y esfuerzo en cultivar relaciones sólidas, basadas en el respeto, la empatía y el apoyo mutuo, fortalece nuestro legado personal.

Ser un Modelo a Seguir

Vivir de acuerdo con nuestros valores y principios, y ser un modelo a seguir para otros, es una manera poderosa de dejar un legado. Las acciones hablan más fuerte que las palabras, y nuestro comportamiento influye en cómo otros nos recuerdan y aprenden de nosotros.

Mentoría y Apoyo

Ofrecer mentoría y apoyo a otros, compartiendo nuestras experiencias y conocimientos, contribuye a su crecimiento y desarrollo, dejando una huella positiva en sus vidas.

Excelencia en el Trabajo

Esforzarse por la excelencia en nuestro trabajo y lograr metas profesionales contribuye a un legado profesional sólido. La dedicación y el compromiso son reconocidos y recordados por colegas y la industria.

Innovación y Creatividad

Aportar ideas innovadoras y soluciones creativas a desafíos profesionales no solo mejora nuestra carrera, sino que también deja una marca duradera en el campo en el que trabajamos.

Mentoría y Desarrollo Profesional

Mentorear a colegas y empleados, ayudándolos a crecer y alcanzar su potencial, es una forma efectiva de construir un legado profesional. Su éxito y desarrollo reflejan nuestra influencia positiva.

Crear un Entorno Positivo

Fomentar un entorno laboral positivo y de apoyo, donde se valoren la colaboración, el respeto y la inclusión, deja un legado de bienestar y éxito colectivo.

Integridad Profesional

Mantener altos estándares éticos y de integridad en nuestra carrera profesional es esencial para un legado duradero. La reputación de honestidad y responsabilidad perdura más allá de nuestra vida laboral.

Responsabilidad Social Corporativa

Participar en iniciativas de responsabilidad social corporativa, contribuyendo al bienestar de la comunidad y el medio ambiente, amplía nuestro legado profesional a un impacto social positivo.

Contribuciones a la Comunidad

Participar en actividades de filantropía y voluntariado, ya sea a través de donaciones monetarias o de tiempo y habilidades, tiene un impacto significativo en la comunidad y el bienestar social.

Proyectos y Causas

Involucrarse en proyectos y causas que nos apasionen y que tengan un impacto positivo en la sociedad es una forma poderosa de dejar un legado social. Esto puede incluir trabajar en organizaciones benéficas, apoyar la educación, la salud y el medio ambiente.

Promoción de la Educación

Fomentar la educación y el aprendizaje continuo, ya sea a través de la enseñanza, el apoyo a instituciones educativas o la creación de programas educativos, contribuye al desarrollo de futuras generaciones.

Conciencia Social

Crear conciencia sobre problemas sociales y ambientales, y abogar por el cambio positivo, amplía nuestro legado a un nivel social y cultural.

Emprendimiento Social

El emprendimiento social, que combina la innovación empresarial con el impacto social, es una forma efectiva de construir un legado social. Crear soluciones sostenibles para problemas sociales deja una huella duradera en la comunidad.

Políticas y Cambios Sistémicos

Trabajar en la creación y promoción de políticas que mejoren el bienestar social y económico de la comunidad es otra manera de dejar un legado significativo. Esto puede incluir la participación en la política, la defensa de derechos humanos y el trabajo en organizaciones no gubernamentales.

Reflexionar sobre el Propósito

Tomarse el tiempo para reflexionar sobre nuestro propósito y lo que queremos dejar como legado es esencial para alinear nuestras acciones con nuestras metas a largo plazo.

Evaluación Regular

Evaluar regularmente nuestro progreso y el impacto de nuestras acciones nos ayuda a ajustar y mejorar nuestra contribución a nuestro legado.

Establecer Metas Claras

Establecer metas claras y alcanzables en cada aspecto de nuestro legado (personal, profesional y social) nos proporciona una hoja de ruta para nuestras acciones y decisiones.

Tomar Acción Consistente

La consistencia en nuestras acciones y decisiones es clave para construir un legado duradero. Cada pequeña acción contribuye al impacto acumulativo de nuestro legado.

Documentar la Historia

Documentar nuestras experiencias, aprendizajes y contribuciones, ya sea a través de escritos, videos o grabaciones, asegura que nuestro legado sea preservado y transmitido a futuras generaciones.

Comunicar el Legado

Compartir nuestro legado y las lecciones aprendidas con otros, ya sea a través de conversaciones, presentaciones o publicaciones, amplía el alcance y la influencia de nuestro impacto.

Conclusión

El legado que dejamos trasciende el aspecto monetario y abarca nuestras contribuciones personales, profesionales y sociales. Al vivir de acuerdo con nuestros valores, cultivar relaciones significativas, esforzarnos por la excelencia en nuestra carrera y contribuir al bienestar de la comunidad, podemos construir un legado duradero y significativo. Reflexionar sobre nuestro propósito, establecer metas claras y tomar acciones consistentes nos permite dejar una huella positiva que perdure más allá de nuestra vida. Un legado verdaderamente rico es aquel que enriquece las vidas de los demás y contribuye al mejoramiento del mundo.

Capítulo 41: La Mentalidad del Emprendedor: Creando Oportunidades en Crisis

En un mundo donde la incertidumbre es una constante, la mentalidad del emprendedor se convierte en una herramienta vital para sobrevivir y prosperar. Las crisis, aunque desafían la estabilidad y seguridad, también abren un abanico de oportunidades para aquellos que saben identificar y aprovechar las circunstancias. En este capítulo, exploraremos cómo desarrollar una mentalidad emprendedora, la importancia de la resiliencia, y estrategias prácticas para transformar momentos de crisis en oportunidades de crecimiento y éxito.

1. Comprender la Mentalidad Emprendedora

La mentalidad emprendedora es un conjunto de habilidades y actitudes que permiten a una persona identificar oportunidades, asumir riesgos calculados y perseverar a través de las dificultades. Los emprendedores ven los problemas no como obstáculos insuperables, sino como desafíos que se pueden superar con creatividad e innovación. Esta perspectiva optimista y proactiva es crucial en tiempos de crisis.

Elementos Clave de la Mentalidad Emprendedora

- **Visión y Claridad de Propósito**: Los emprendedores tienen una visión clara de lo que quieren lograr y una comprensión profunda de su propósito. Esta claridad les permite mantenerse enfocados y motivados incluso cuando enfrentan adversidades.
- **Resiliencia y Adaptabilidad**: La capacidad de recuperarse rápidamente de las dificultades y adaptarse a nuevas circunstancias es esencial. La resiliencia permite a los emprendedores aprender de los fracasos y seguir adelante con renovada determinación.
- **Creatividad e Innovación**: La habilidad de pensar de manera creativa y encontrar soluciones innovadoras es fundamental. Los emprendedores buscan constantemente

nuevas formas de hacer las cosas, lo que les permite descubrir oportunidades donde otros ven solo problemas.
- **Toma de Decisiones Calculada**: Los emprendedores son hábiles en evaluar riesgos y tomar decisiones informadas. No tienen miedo de asumir riesgos, pero siempre lo hacen después de una cuidadosa consideración y análisis.
- **Mentalidad de Crecimiento**: Creen en su capacidad para desarrollar habilidades y conocimientos a través del esfuerzo y la práctica. Esta mentalidad les permite seguir aprendiendo y mejorando continuamente.

2. Identificación de Oportunidades en la Crisis

Las crisis, aunque disruptivas, pueden revelar necesidades y vacíos en el mercado que los emprendedores pueden aprovechar. La clave está en observar detenidamente el entorno y detectar patrones y tendencias emergentes.

Análisis del Entorno

- **Evaluación del Impacto**: Analizar cómo la crisis afecta a diferentes industrias y sectores puede proporcionar información valiosa sobre dónde podrían surgir nuevas necesidades. Por ejemplo, durante la pandemia de COVID-19, la demanda de servicios de entrega a domicilio y plataformas de aprendizaje en línea aumentó significativamente.
- **Identificación de Necesidades No Satisfechas**: Las crisis a menudo crean nuevas necesidades o amplifican las existentes. Los emprendedores exitosos son aquellos que pueden identificar estas necesidades y desarrollar soluciones innovadoras para satisfacerlas.
- **Estudio de Tendencias Emergentes**: Mantenerse al tanto de las tendencias tecnológicas, sociales y económicas permite a los emprendedores anticipar cambios y preparar estrategias para capitalizar en ellos.

3. Estrategias para Aprovechar las Oportunidades

Una vez identificadas las oportunidades, es crucial tener un plan claro para aprovecharlas. Aquí se presentan algunas estrategias prácticas que los emprendedores pueden utilizar:

Innovación y Desarrollo de Productos

- **Desarrollo Ágil de Productos**: Implementar metodologías ágiles permite a los emprendedores desarrollar y lanzar productos rápidamente, adaptándose a los cambios del mercado en tiempo real.
- **Prototipado Rápido**: Crear prototipos y MVPs (Productos Mínimos Viables) para probar ideas en el mercado antes de invertir grandes recursos. Esto permite recibir feedback temprano y ajustar el producto según las necesidades del cliente.

Marketing y Ventas

- **Marketing Digital**: Aprovechar las plataformas digitales para llegar a un público más amplio. El uso de redes sociales, SEO, y campañas de email marketing puede ser altamente efectivo para captar la atención de los consumidores.
- **Colaboraciones Estratégicas**: Formar alianzas con otras empresas o influencers puede ayudar a ampliar el alcance y la credibilidad de un negocio.

- **Conclusión**

La mentalidad del emprendedor es un activo poderoso en tiempos de crisis. Aquellos que pueden ver más allá de las dificultades inmediatas y visualizar las oportunidades potenciales están mejor posicionados para no solo sobrevivir, sino también prosperar. Al desarrollar una mentalidad resiliente, creativa y orientada a la acción, los emprendedores pueden transformar los desafíos en trampolines hacia el éxito. Las crisis, entonces, no se ven solo como periodos de adversidad, sino como momentos críticos de reinvención y crecimiento.

Capítulo 42: El Poder de la Reducción de Impulsos: Evitando Compras Innecesarias

En una sociedad donde el consumo y el materialismo son promovidos constantemente, la capacidad de controlar los impulsos y evitar compras innecesarias se ha convertido en una habilidad esencial. Este capítulo explora cómo la reducción de impulsos puede mejorar no solo nuestras finanzas personales, sino también nuestro bienestar emocional y mental. Abordaremos estrategias prácticas para desarrollar el autocontrol, comprenderemos los factores psicológicos que impulsan las compras innecesarias y discutiremos los beneficios a largo plazo de una vida más consciente y minimalista.

1. Comprendiendo la Psicología de las Compras Impulsivas

Las compras impulsivas son aquellas decisiones de compra que se toman sin planificación previa y están motivadas por emociones más que por necesidades reales. Estas decisiones pueden llevar a un ciclo de satisfacción temporal seguido de arrepentimiento y estrés financiero.

Factores Psicológicos que Impulsan las Compras

- **Gratificación Instantánea**: En un mundo donde la inmediatez es valorada, la gratificación instantánea se convierte en un fuerte motivador. Comprar algo nuevo puede proporcionar una sensación inmediata de felicidad y satisfacción, aunque esta sensación sea pasajera.
- **Marketing y Publicidad**: Las técnicas de marketing están diseñadas para desencadenar deseos y necesidades percibidas. Ofertas limitadas, descuentos atractivos y publicidad emocional son tácticas comunes que inducen a las compras impulsivas.
- **Estados Emocionales**: El estrés, la tristeza, el aburrimiento o la soledad pueden llevar a las personas a buscar consuelo en las compras. Comprar se convierte en una forma de escapismo emocional.

- **Influencia Social**: La presión social y el deseo de encajar pueden llevar a la compra de artículos que no se necesitan realmente. Ver a amigos o influencers con ciertos productos puede crear una sensación de necesidad para sentirse aceptado o actualizado.

2. Estrategias para Reducir las Compras Impulsivas

Desarrollar autocontrol y crear un entorno que favorezca la toma de decisiones racionales son claves para evitar las compras innecesarias. A continuación, se presentan algunas estrategias prácticas:

Planeación y Presupuestos

- **Presupuesto Personal**: Establecer un presupuesto claro para gastos mensuales ayuda a tener una visión general de las finanzas y a limitar el gasto en categorías no esenciales.
- **Lista de Compras**: Siempre que se vaya a comprar, llevar una lista de lo que realmente se necesita puede ayudar a evitar las compras impulsivas. Adherirse a la lista es crucial para mantener el enfoque.

Técnicas de Autocontrol

- **Regla de las 24 Horas**: Esperar 24 horas antes de realizar una compra puede dar tiempo para reflexionar si el artículo es realmente necesario. Muchas veces, el impulso de compra se disipa después de este período.
- **Reflexión sobre Necesidades vs. Deseos**: Antes de comprar, preguntarse si el artículo es una necesidad o un deseo puede ayudar a tomar decisiones más conscientes. Esto implica evaluar el uso y el valor a largo plazo del producto.
- **Desconectar Notificaciones de Compras**: Limitar la exposición a publicidad y promociones, especialmente a través de notificaciones en dispositivos móviles, puede reducir el impulso de realizar compras innecesarias.
-

Fomentar Hábitos Conscientes

- **Practicar el Minimalismo**: Adoptar un estilo de vida minimalista, donde se valora más la calidad que la cantidad, puede ayudar a reducir la acumulación de bienes materiales y a enfocarse en lo que realmente importa.
- **Mantenimiento de un Diario de Compras**: Llevar un registro de todas las compras realizadas puede proporcionar una visión clara de los hábitos de consumo y ayudar a identificar patrones de compra impulsiva.

3. Beneficios de Evitar Compras Innecesarias

El poder de reducir los impulsos no solo se refleja en una mejora de las finanzas personales, sino también en una serie de beneficios emocionales y psicológicos.

Estabilidad Financiera

- **Ahorro Incrementado**: Al evitar compras innecesarias, es más fácil ahorrar dinero y crear un fondo de emergencia. Esto proporciona una mayor seguridad financiera y la capacidad de enfrentar imprevistos sin estrés.
- **Reducción de Deudas**: Mantener un control sobre los gastos ayuda a evitar deudas y a gestionar mejor las ya existentes. Menos deudas significan menos intereses a pagar y más dinero disponible para inversiones o ahorros.

Bienestar Emocional

- **Reducción del Estrés**: Controlar los impulsos de compra puede reducir significativamente el estrés asociado a problemas financieros. La tranquilidad de saber que se tiene el control sobre el dinero mejora la salud mental y emocional.
- **Mayor Satisfacción Personal**: Aprender a apreciar lo que se tiene y a valorar más las experiencias que los bienes materiales puede llevar a una mayor satisfacción personal y felicidad a largo plazo.

Sostenibilidad y Responsabilidad Social

- **Consumo Responsable**: Al comprar solo lo necesario, se contribuye a una menor producción y consumo de bienes, lo que tiene un impacto positivo en el medio ambiente.
- **Apoyo a Empresas Éticas**: Ser consciente de las compras permite elegir productos de empresas que practican la sostenibilidad y la responsabilidad social, promoviendo un mercado más ético y justo.

Conclusión

El poder de la reducción de impulsos reside en la capacidad de tomar el control de nuestras decisiones financieras y de consumo, mejorando así nuestra calidad de vida y bienestar general. Al adoptar prácticas conscientes y desarrollar el autocontrol, no solo evitamos las compras innecesarias, sino que también cultivamos una vida más plena y significativa. La reducción de impulsos es, en última instancia, una herramienta para vivir de manera más intencional y alcanzar una mayor satisfacción personal y financiera.

Capítulo 43: La Educación Financiera en la Infancia: Sembrando Semillas de Éxito

La educación financiera es una habilidad esencial que, cuando se enseña desde una edad temprana, puede proporcionar a los niños las herramientas necesarias para gestionar sus finanzas de manera efectiva a lo largo de sus vidas. Este capítulo explora la importancia de la educación financiera en la infancia, las estrategias prácticas para enseñar conceptos financieros a los niños y los beneficios a largo plazo de inculcar buenos hábitos financieros desde una edad temprana.

1. La Importancia de la Educación Financiera Temprana

Enseñar a los niños sobre dinero y finanzas desde una edad temprana es crucial para su desarrollo personal y profesional. La educación financiera no solo les ayuda a tomar decisiones económicas informadas, sino que también fomenta una mentalidad de responsabilidad y autosuficiencia.

Beneficios de la Educación Financiera Temprana

- **Desarrollo de Habilidades de Toma de Decisiones**: Los niños que entienden el valor del dinero y cómo gestionarlo están mejor equipados para tomar decisiones financieras informadas en el futuro. Esto incluye la capacidad de ahorrar, gastar sabiamente e invertir.
- **Fomento de la Responsabilidad**: Aprender sobre finanzas personales fomenta un sentido de responsabilidad y autonomía. Los niños aprenden a establecer metas financieras y a trabajar para alcanzarlas, desarrollando una ética de trabajo y disciplina.
- **Prevención de Problemas Financieros**: Una base sólida en educación financiera puede ayudar a prevenir problemas financieros en la vida adulta, como el endeudamiento excesivo y la falta de ahorro para emergencias o la jubilación.

- **Promoción de la Confianza**: Comprender cómo funciona el dinero y cómo gestionarlo adecuadamente aumenta la confianza de los niños en su capacidad para manejar sus propias finanzas y enfrentar desafíos económicos.

2. Estrategias para Enseñar Educación Financiera a los Niños

Enseñar conceptos financieros a los niños puede ser un desafío, pero con las estrategias adecuadas, se puede hacer de manera efectiva y divertida.

Enseñanza a través del Juego

- **Juegos de Mesa Financieros**: Juegos como el Monopoly, el Juego de la Vida y Cashflow son excelentes herramientas para enseñar a los niños sobre inversiones, presupuestos y el manejo del dinero de una manera lúdica y atractiva.
- **Aplicaciones Educativas**: Existen numerosas aplicaciones móviles diseñadas para enseñar a los niños sobre finanzas. Estas aplicaciones utilizan juegos y actividades interactivas para hacer que el aprendizaje sea divertido y accesible.

Conceptos Financieros Básicos

- **Ahorro**: Enseñar a los niños la importancia del ahorro puede comenzar con una simple alcancía. Incentivarles a guardar una parte de su dinero, ya sea de su mesada o regalos, puede inculcar el hábito del ahorro.
- **Gasto Responsable**: Involucrar a los niños en decisiones de compra puede ayudarles a entender el valor del dinero y la necesidad de priorizar. Esto puede incluir comparar precios y evaluar la calidad y necesidad de los artículos antes de comprarlos.
- **Presupuestación**: Introducir el concepto de presupuestación a través de actividades prácticas, como asignar una cantidad de dinero para gastar en una salida familiar, puede enseñarles a gestionar sus propios recursos.
-

Uso de Mesadas

- **Asignación de Mesadas**: Dar una mesada regular a los niños puede ser una excelente forma de enseñarles a manejar su propio dinero. Es importante establecer expectativas claras sobre cómo pueden ganar y usar su mesada.
- **División de la Mesada**: Una estrategia efectiva es dividir la mesada en diferentes categorías, como ahorro, gasto y donaciones. Esto ayuda a los niños a entender la importancia de equilibrar diferentes necesidades financieras.

Educación Formal e Informal

- **Educación en la Escuela**: Incluir la educación financiera en el currículo escolar puede proporcionar a los niños una base sólida en conceptos económicos. Los programas escolares pueden incluir lecciones sobre ahorro, inversión y planificación financiera.
- **Aprendizaje en el Hogar**: Los padres pueden complementar la educación financiera escolar con enseñanzas en el hogar. Esto puede incluir discusiones sobre el presupuesto familiar, la importancia del ahorro y la planificación para el futuro.

3. Desarrollando una Mentalidad Financiera Saludable

Inculcar una mentalidad financiera saludable desde una edad temprana es fundamental para que los niños crezcan con una actitud positiva y responsable hacia el dinero.

Fomentar la Gratificación Diferida

- **Recompensas Diferidas**: Enseñar a los niños a esperar y ahorrar para obtener algo que desean en lugar de comprarlo de inmediato fomenta la gratificación diferida. Este hábito es crucial para la planificación financiera a largo plazo.
- **Metas Financieras**: Ayudar a los niños a establecer y alcanzar metas financieras les enseña a planificar y trabajar por lo que desean. Esto puede incluir ahorrar para un juguete, una actividad especial o incluso su educación futura.

Importancia del Trabajo y el Esfuerzo

- **Valor del Dinero Ganado**: Involucrar a los niños en tareas remuneradas, ya sea en el hogar o a través de trabajos a tiempo parcial cuando sean mayores, les ayuda a comprender el valor del dinero ganado a través del esfuerzo y el trabajo.
- **Emprendimiento**: Fomentar el espíritu emprendedor puede ser una excelente manera de enseñar a los niños sobre finanzas. Esto puede incluir pequeñas actividades comerciales como vender limonada, hacer manualidades o cuidar mascotas.

4. Superando Desafíos en la Educación Financiera Infantil

La educación financiera en la infancia no está exenta de desafíos. Es importante abordarlos de manera efectiva para garantizar que los niños adquieran conocimientos financieros sólidos.

Evitando la Sobreprotección

- **Permitirse Errores**: Es crucial permitir que los niños cometan errores financieros y aprendan de ellos. La sobreprotección puede impedir que desarrollen habilidades críticas para la toma de decisiones financieras.
- **Discusiones Abiertas sobre Dinero**: Mantener una comunicación abierta y honesta sobre el dinero y las finanzas en el hogar ayuda a los niños a entender la realidad económica y a desarrollar una actitud saludable hacia el dinero.

Adaptación a Diferentes Edades

- **Enseñanza Adaptada a la Edad**: La educación financiera debe ser adaptada a la edad y nivel de comprensión del niño. Conceptos simples pueden introducirse en edades tempranas, mientras que temas más complejos pueden abordarse a medida que crecen.

- **Uso de Ejemplos Relevantes**: Utilizar ejemplos y situaciones relevantes para la vida del niño hace que el aprendizaje sea más significativo y fácil de entender.

5. Beneficios a Largo Plazo de la Educación Financiera en la Infancia

La educación financiera en la infancia tiene un impacto duradero en la vida de los individuos, proporcionando una serie de beneficios que se extienden a lo largo de su vida adulta.

Estabilidad Financiera

- **Preparación para el Futuro**: Los niños que reciben una educación financiera sólida están mejor preparados para enfrentar desafíos financieros en el futuro. Tienen más probabilidades de ahorrar para emergencias, invertir sabiamente y evitar deudas innecesarias.
- **Independencia Económica**: Una comprensión temprana de las finanzas personales fomenta la independencia económica. Los adultos jóvenes con conocimientos financieros sólidos son menos dependientes de la ayuda financiera externa y más capaces de tomar decisiones económicas informadas.

Impacto Positivo en la Sociedad

- **Contribución a una Economía Saludable**: Una población financieramente educada contribuye a una economía más estable y saludable. Los individuos que gestionan bien sus finanzas personales tienen más probabilidades de contribuir positivamente a la economía a través de inversiones, ahorro y consumo responsable.
- **Reducción de la Pobreza**: La educación financiera puede desempeñar un papel crucial en la reducción de la pobreza. Al empoderar a las personas con el conocimiento y las habilidades para gestionar sus finanzas, se reduce la vulnerabilidad económica y se mejora la calidad de vida.

6. Implementando Programas de Educación Financiera

Para maximizar el impacto de la educación financiera en la infancia, es esencial implementar programas efectivos tanto en el hogar como en la escuela.

Programas Escolares

- **Currículo Financiero**: Integrar la educación financiera en el currículo escolar puede proporcionar una base sólida para todos los estudiantes. Las lecciones pueden incluir temas como presupuestación, ahorro, inversión y planificación financiera.
- **Actividades Prácticas**: Incorporar actividades prácticas, como simulaciones de gestión financiera y proyectos de emprendimiento, puede hacer que el aprendizaje sea más interactivo y relevante.

Conclusión

La educación financiera en la infancia es una inversión en el futuro de nuestros niños. Al proporcionarles las herramientas y conocimientos necesarios para gestionar sus finanzas, estamos sembrando las semillas del éxito y preparándolos para una vida de estabilidad y bienestar económico. Implementar estrategias efectivas y utilizar los recursos disponibles puede hacer que la educación financiera sea una parte integral del desarrollo de cada niño, asegurando que crezcan con una comprensión sólida del dinero y cómo manejarlo de manera responsable.

La educación financiera no solo beneficia a los individuos, sino que también tiene un impacto positivo en la sociedad en su conjunto, fomentando una economía más saludable y equitativa. Al inculcar buenos hábitos financieros desde una edad temprana, estamos construyendo una base sólida para el éxito financiero y el bienestar a largo plazo de las futuras generaciones

Capítulo 44: El Impacto de las Decisiones a Largo Plazo: Pensar Más Allá del Instante

En un mundo que a menudo valora la gratificación instantánea y las soluciones rápidas, desarrollar la habilidad de pensar a largo plazo y tomar decisiones con visión de futuro es crucial para el éxito personal y profesional. Este capítulo explorará la importancia de considerar el impacto a largo plazo de nuestras decisiones, las estrategias para cultivar una mentalidad de largo plazo y cómo esta perspectiva puede transformar nuestra vida en múltiples áreas.

1. La Importancia de Pensar a Largo Plazo

Las decisiones que tomamos hoy tienen un impacto duradero en nuestro futuro. Adoptar una mentalidad de largo plazo significa considerar cómo nuestras acciones actuales afectarán nuestras metas y bienestar en el futuro.

Beneficios de una Perspectiva a Largo Plazo

- **Mejor Planificación**: Pensar a largo plazo nos permite establecer metas claras y desarrollar planes detallados para alcanzarlas. Esto nos ayuda a tomar decisiones informadas y evitar errores costosos.
- **Mayor Éxito Financiero**: Las decisiones financieras bien pensadas, como invertir temprano y evitar deudas innecesarias, tienen un impacto significativo en nuestra estabilidad y crecimiento económico a largo plazo.
- **Satisfacción Personal**: Alcanzar metas a largo plazo proporciona un sentido profundo de logro y satisfacción personal, que a menudo es más gratificante que las alegrías momentáneas.

2. Estrategias para Tomar Decisiones a Largo Plazo

Desarrollar una mentalidad orientada al largo plazo requiere práctica y disciplina. Aquí presentamos algunas estrategias efectivas para pensar y actuar con visión de futuro.

Establecimiento de Metas Claras

- **Definir Metas SMART**: Las metas deben ser Específicas, Medibles, Alcanzables, Relevantes y con un Tiempo determinado. Esto facilita el seguimiento del progreso y la motivación constante.
- **Visualización del Futuro**: Imaginar cómo queremos que sea nuestra vida en cinco, diez o veinte años nos ayuda a definir metas claras y a entender qué decisiones debemos tomar para alcanzarlas.

Planificación y Prioridades

- **Planificación Estratégica**: Desarrollar un plan estratégico a largo plazo que incluya hitos importantes y acciones necesarias para alcanzar nuestras metas. Revisar y ajustar el plan regularmente para mantenerse en el camino correcto.
- **Priorización**: Aprender a priorizar tareas y decisiones en función de su impacto a largo plazo. Esto implica dedicar tiempo y recursos a actividades que nos acerquen a nuestras metas, y evitar distracciones y esfuerzos innecesarios.

Desarrollo de Hábitos Sostenibles

- **Construcción de Hábitos**: Desarrollar hábitos diarios que contribuyan a nuestras metas a largo plazo. Pequeñas acciones consistentes, como ahorrar dinero, estudiar regularmente o mantener una dieta saludable, pueden tener un gran impacto a lo largo del tiempo.
- **Disciplina y Perseverancia**: Mantener la disciplina y la perseverancia frente a los desafíos. Recordar que los resultados significativos requieren tiempo y esfuerzo sostenido.

3. Áreas Clave para Decisiones a Largo Plazo

Adoptar una mentalidad de largo plazo tiene un impacto positivo en diversas áreas de nuestra vida. A continuación, se presentan algunas de las más importantes:

Finanzas Personales

- **Ahorro e Inversión**: Comenzar a ahorrar e invertir temprano en la vida permite aprovechar el interés compuesto y acumular riqueza a lo largo del tiempo. Esto incluye la planificación para la jubilación, la compra de una vivienda y la creación de un fondo de emergencia.
- **Gestión de Deudas**: Evitar deudas innecesarias y pagar deudas existentes de manera estratégica puede mejorar nuestra estabilidad financiera y reducir el estrés a largo plazo.

Educación y Carrera

- **Formación Continua**: Invertir en educación y desarrollo profesional a lo largo de la vida mejora nuestras habilidades y aumenta las oportunidades de carrera. Esto puede incluir obtener títulos avanzados, certificaciones o aprender nuevas habilidades.
- **Planificación de Carrera**: Establecer metas de carrera a largo plazo y desarrollar un plan para alcanzarlas. Esto puede implicar buscar mentores, adquirir experiencia relevante y construir una red profesional sólida.

4. Superando Obstáculos para Pensar a Largo Plazo

Adoptar una mentalidad de largo plazo puede ser desafiante en un entorno que favorece la gratificación instantánea. Aquí se presentan algunas estrategias para superar estos obstáculos:

Adaptabilidad y Flexibilidad

- **Aceptación del Cambio**: Reconocer que el cambio es una parte inevitable de la vida y estar dispuesto a adaptarse. La flexibilidad nos permite ajustar nuestros planes y estrategias cuando sea necesario, sin perder de vista nuestras metas a largo plazo.
- **Mentalidad de Crecimiento**: Adoptar una mentalidad de crecimiento, donde vemos los desafíos como oportunidades

de aprendizaje y desarrollo. Esto nos ayuda a mantener una actitud positiva y resiliente frente a las adversidades.

6. Implementación de una Mentalidad de Largo Plazo

Adoptar una mentalidad de largo plazo requiere un compromiso consciente y continuo. A continuación, se presentan algunos pasos prácticos para implementar esta mentalidad en la vida diaria:

Autoevaluación y Reflexión

- **Evaluación Personal**: Realizar una autoevaluación para identificar áreas en las que se pueden mejorar las decisiones a largo plazo. Esto incluye evaluar hábitos, metas y prioridades actuales.
- **Reflexión Regular**: Dedicar tiempo regularmente para reflexionar sobre el progreso hacia las metas a largo plazo y ajustar planes según sea necesario. La reflexión nos ayuda a mantenernos en el camino correcto y a aprender de nuestras experiencias.

Conclusión

El impacto de las decisiones a largo plazo es profundo y duradero. Al adoptar una mentalidad de largo plazo y tomar decisiones informadas y estratégicas, podemos construir una vida de éxito, estabilidad y satisfacción. La capacidad de ver más allá del instante y considerar el futuro nos permite aprovechar al máximo nuestras oportunidades y enfrentar los desafíos con resiliencia y propósito. En última instancia, pensar a largo plazo es una inversión en nosotros mismos y en nuestro futuro, que nos lleva hacia una vida más plena y significativa.

Capítulo 45: La Resiliencia ante la Falta de Recursos: Creatividad en Tiempos Apretados

En momentos de escasez, la capacidad de adaptarse y encontrar soluciones creativas se vuelve esencial para superar los desafíos y prosperar. Este capítulo explora cómo la resiliencia y la creatividad pueden transformar situaciones difíciles en oportunidades, proporcionando estrategias y ejemplos inspiradores de cómo las personas y las organizaciones pueden florecer incluso en tiempos apretados.

1. La Naturaleza de la Resiliencia

La resiliencia es la capacidad de recuperarse y adaptarse frente a la adversidad. En contextos de escasez, esta cualidad se manifiesta en la habilidad para enfrentar la falta de recursos y encontrar maneras innovadoras de salir adelante.

Características de la Resiliencia

- **Adaptabilidad**: La capacidad de ajustarse a nuevas circunstancias y cambiar de enfoque cuando sea necesario.
- **Persistencia**: La determinación de seguir adelante a pesar de los obstáculos y contratiempos.
- **Optimismo Realista**: Mantener una visión positiva sin ignorar las dificultades, permitiendo encontrar soluciones viables.
- **Creatividad**: Utilizar el ingenio y la originalidad para resolver problemas y aprovechar los recursos disponibles al máximo.

2. Estrategias para Fomentar la Resiliencia y la Creatividad

Fomentar la resiliencia y la creatividad en tiempos de escasez requiere un enfoque intencional y una mentalidad abierta. Aquí presentamos algunas estrategias clave para desarrollar estas habilidades.

Cultivar una Mentalidad de Crecimiento

- **Aceptar los Desafíos**: Ver los desafíos como oportunidades para aprender y crecer en lugar de como obstáculos insuperables.
- **Buscar Feedback**: Estar dispuesto a recibir y utilizar retroalimentación para mejorar y adaptarse.
- **Aprender de los Fracasos**: Considerar los fracasos como lecciones valiosas que pueden guiar futuras decisiones.

Fomentar la Innovación

- **Brainstorming**: Realizar sesiones de lluvia de ideas para generar nuevas soluciones y enfoques creativos.
- **Pensamiento Lateral**: Aplicar el pensamiento lateral para encontrar soluciones fuera de lo común y explorar diferentes perspectivas.
- **Experimentación**: Probar nuevas ideas y enfoques a pequeña escala para evaluar su efectividad antes de implementarlos plenamente.

Gestión Eficiente de Recursos

- **Priorizar y Racionalizar**: Determinar qué recursos son absolutamente esenciales y racionalizar su uso para maximizar su eficacia.
- **Reciclar y Reutilizar**: Encontrar maneras de reutilizar materiales y recursos existentes en lugar de adquirir nuevos.
- **Colaboración y Compartición**: Colaborar con otros para compartir recursos y conocimientos, creando sinergias que beneficien a todas las partes involucradas.

3. Creatividad en la Gestión Financiera

La gestión financiera creativa es crucial en tiempos de escasez. Adoptar enfoques innovadores para administrar el dinero puede marcar una gran diferencia en la estabilidad y el éxito a largo plazo.

Presupuestación Innovadora

- **Presupuesto Base Cero**: Crear un presupuesto desde cero cada periodo, justificando cada gasto en lugar de basarse en presupuestos anteriores.
- **Ajustes Dinámicos**: Ajustar el presupuesto de manera continua en respuesta a cambios en los ingresos y gastos.

Ahorro y Reducción de Costos

- **Negociación de Precios**: Negociar con proveedores y vendedores para obtener mejores precios o condiciones de pago.
- **Compras Colectivas**: Unirse a otros para realizar compras colectivas y obtener descuentos por volumen.

Generación de Ingresos Adicionales

- **Diversificación de Ingresos**: Buscar múltiples fuentes de ingresos para no depender de una sola.
- **Monetización de Habilidades**: Ofrecer servicios o productos basados en habilidades personales o recursos disponibles.

4. Innovación en el Emprendimiento

En el ámbito empresarial, la creatividad y la resiliencia son fundamentales para navegar tiempos de escasez y encontrar nuevas oportunidades de crecimiento.

Adaptación de Modelos de Negocio

- **Pivotar**: Cambiar el enfoque del negocio hacia nuevas áreas de demanda o ajustar el modelo de negocio para mejor adaptarse a las condiciones del mercado.
- **Oferta de Nuevos Productos o Servicios**: Desarrollar productos o servicios innovadores que respondan a las necesidades emergentes de los clientes.

Colaboraciones Estratégicas

- **Alianzas y Sociedades**: Formar alianzas estratégicas con otras empresas u organizaciones para compartir recursos, conocimientos y riesgos.
- **Crowdsourcing**: Utilizar el crowdsourcing para obtener ideas, soluciones y recursos de una comunidad más amplia.

5. Implementación de la Resiliencia y la Creatividad en la Vida Diaria

Desarrollar la resiliencia y la creatividad en la vida diaria requiere un enfoque consciente y continuo. A continuación, se presentan algunos pasos prácticos para implementar estas habilidades:

Autoevaluación y Reflexión

- **Evaluación Personal**: Realizar una autoevaluación para identificar áreas en las que se pueden mejorar las decisiones creativas y resilientes. Esto incluye evaluar hábitos, metas y prioridades actuales.
- **Reflexión Regular**: Dedicar tiempo regularmente para reflexionar sobre el progreso hacia las metas y ajustar planes según sea necesario. La reflexión nos ayuda a mantenernos en el camino correcto y a aprender de nuestras experiencias.

. Conclusión

La resiliencia y la creatividad son esenciales para navegar y prosperar en tiempos de escasez. Al adoptar una mentalidad flexible, adaptable y orientada a soluciones, podemos transformar desafíos en oportunidades y construir un futuro más sólido y prometedor. La capacidad de pensar de manera creativa y actuar con resiliencia no solo mejora nuestra vida personal y profesional, sino que también contribuye a un impacto positivo en nuestras comunidades y organizaciones.

Capítulo 46: El Valor de la Diversificación: No Poner Todos los Huevos en una Canasta

La diversificación es una estrategia clave para minimizar riesgos y maximizar oportunidades en diversas áreas de la vida, desde las finanzas hasta la carrera profesional. Este capítulo explora en profundidad el valor de la diversificación, sus beneficios, y cómo implementarla de manera efectiva para asegurar un futuro más seguro y próspero.

1. Introducción a la Diversificación

Diversificación significa distribuir recursos, inversiones o esfuerzos en diferentes áreas para reducir el riesgo de pérdidas significativas en caso de fallos en una sola área. Esta estrategia se puede aplicar en múltiples contextos, como las inversiones financieras, la gestión de negocios y el desarrollo de habilidades personales.

Principios Básicos de la Diversificación

- **Distribución de Riesgo**: Al diversificar, no dependemos de una única fuente de éxito, lo que reduce el impacto negativo de cualquier fallo individual.
- **Maximización de Oportunidades**: Diversificar permite explorar y aprovechar múltiples oportunidades, aumentando las posibilidades de éxito en al menos una de ellas.

2. Diversificación en Finanzas Personales

La diversificación financiera es una práctica esencial para proteger y hacer crecer el patrimonio personal. Implica invertir en una variedad de activos para minimizar el riesgo y aumentar el potencial de rendimientos.

Beneficios de la Diversificación Financiera

- **Reducción del Riesgo**: Al invertir en diferentes clases de activos (acciones, bonos, bienes raíces, etc.), se reduce el

riesgo de pérdidas significativas debido a la mala performance de un solo activo.
- **Potencial de Rendimiento**: Diversificar permite aprovechar diferentes oportunidades de crecimiento en el mercado, aumentando el potencial de rendimientos a largo plazo.
- **Protección Contra la Volatilidad**: Los diferentes activos tienden a comportarse de manera distinta bajo las mismas condiciones de mercado, proporcionando una capa adicional de protección contra la volatilidad.

Estrategias de Diversificación Financiera

- **Invertir en Diferentes Clases de Activos**: Distribuir inversiones entre acciones, bonos, bienes raíces, fondos mutuos, y otros tipos de activos.
- **Diversificación Geográfica**: Invertir en mercados de diferentes países para protegerse contra riesgos específicos de una región.
- **Diversificación Temporal**: Realizar inversiones en diferentes momentos del tiempo para mitigar el riesgo asociado con la entrada al mercado en un momento desfavorable.

3. Diversificación en la Carrera Profesional

Diversificar habilidades y experiencias profesionales es crucial para mantener la relevancia y competitividad en el mercado laboral. Esto implica desarrollar una gama de competencias y explorar diferentes roles y sectores.

Beneficios de la Diversificación Profesional

- **Mayor Empleabilidad**: Tener un conjunto diverso de habilidades y experiencias hace que una persona sea más atractiva para los empleadores, aumentando las oportunidades de empleo.
- **Flexibilidad y Adaptabilidad**: La diversificación permite adaptarse a diferentes roles y sectores, facilitando la transición en caso de cambios en el mercado laboral.

- **Desarrollo Personal**: Explorar diferentes áreas y roles contribuye al crecimiento personal y al desarrollo de una perspectiva más amplia y enriquecedora.

Estrategias de Diversificación Profesional

- **Experiencia en Diferentes Roles**: Buscar oportunidades para trabajar en diferentes roles dentro de la misma organización o en diferentes industrias.
- **Networking y Mentoring**: Construir una red de contactos diversa y buscar mentores en diferentes áreas para obtener una variedad de perspectivas y consejos.

4. Diversificación en los Negocios

Para las empresas, la diversificación puede significar la expansión de productos, servicios, mercados y tecnologías. Esto ayuda a mitigar riesgos y a aprovechar nuevas oportunidades de crecimiento.

Beneficios de la Diversificación Empresarial

- **Mitigación de Riesgos**: Diversificar productos y servicios reduce la dependencia de una sola fuente de ingresos, protegiendo a la empresa contra fluctuaciones en el mercado.
- **Crecimiento y Expansión**: Explorar nuevos mercados y desarrollar nuevas ofertas puede impulsar el crecimiento y la expansión de la empresa.
- **Innovación y Competitividad**: La diversificación fomenta la innovación y mantiene a la empresa competitiva en un entorno de mercado dinámico.

Estrategias de Diversificación Empresarial

- **Expansión de Productos y Servicios**: Desarrollar y ofrecer nuevos productos y servicios que complementen la oferta existente.
- **Entrada a Nuevos Mercados**: Explorar y entrar en nuevos mercados geográficos o demográficos.

- **Adquisiciones y Alianzas**: Realizar adquisiciones estratégicas y formar alianzas con otras empresas para diversificar la oferta y el alcance del mercado.

5. Diversificación en la Vida Personal

La diversificación también es valiosa en la vida personal, desde hobbies hasta relaciones y actividades diarias. Esta estrategia contribuye a una vida más equilibrada y enriquecedora.

Estrategias de Diversificación Personal

- **Hobbies y Pasatiempos**: Explorar y desarrollar una variedad de hobbies y pasatiempos que ofrezcan satisfacción y relajación.
- **Relaciones Sociales**: Cultivar una red diversa de amigos y conexiones sociales que enriquezcan la vida y ofrezcan diferentes perspectivas.
- **Balance Trabajo-Vida**: Mantener un equilibrio saludable entre el trabajo y las actividades personales para asegurar una vida plena y satisfactoria

8. Conclusión

La diversificación es una estrategia poderosa para minimizar riesgos, maximizar oportunidades y asegurar un futuro más seguro y próspero. Al distribuir recursos, inversiones y esfuerzos en diferentes áreas, podemos construir una vida más equilibrada, estable y exitosa. La capacidad de diversificar no solo mejora nuestras finanzas y carrera profesional, sino que también enriquece nuestra vida personal y contribuye a un impacto positivo en nuestras comunidades y organizaciones.

Capítulo 47: La Mentalidad de Inversión en Ti Mismo: Cómo tu Desarrollo Personal Afecta tus Finanzas

La inversión en uno mismo es una de las estrategias más efectivas y valiosas para mejorar tanto la vida personal como las finanzas. Este capítulo explora cómo el desarrollo personal y profesional puede tener un impacto significativo en la estabilidad y el crecimiento financiero, y ofrece estrategias para maximizar esta inversión en diversos aspectos de la vida.

1. Introducción a la Inversión en Uno Mismo

La inversión en uno mismo implica dedicar tiempo, esfuerzo y recursos a mejorar habilidades, conocimientos, bienestar y relaciones. Esta inversión no solo enriquece la vida personal, sino que también puede tener un impacto positivo y duradero en las finanzas.

Principios Básicos de la Inversión en Uno Mismo

- **Desarrollo Continuo**: La educación y el aprendizaje permanente son fundamentales para mantenerse competitivo y relevante en el mercado laboral.
- **Bienestar Integral**: Cuidar de la salud física y mental es esencial para el rendimiento y la productividad.
- **Relaciones y Redes**: Construir y mantener relaciones sólidas y una red de apoyo puede abrir puertas a nuevas oportunidades y recursos.

2. El Impacto del Desarrollo Personal en las Finanzas

El desarrollo personal influye en las finanzas de múltiples maneras, desde aumentar los ingresos hasta mejorar la gestión financiera.

Aumento de Ingresos

- **Habilidades y Conocimientos**: Adquirir nuevas habilidades y conocimientos puede abrir puertas a mejores oportunidades laborales y ascensos, lo que se traduce en mayores ingresos.
- **Certificaciones y Educación**: Obtener certificaciones y títulos adicionales puede aumentar la empleabilidad y el potencial de salario.
- **Emprendimiento**: El desarrollo de habilidades empresariales y de liderazgo puede facilitar la creación y el crecimiento de negocios propios.

3. Estrategias para Invertir en Uno Mismo

Para maximizar el impacto del desarrollo personal en las finanzas, es esencial adoptar una serie de estrategias que abarcan diferentes áreas de la vida.

Educación y Capacitación

- **Cursos y Talleres**: Participar en cursos y talleres relacionados con el campo de interés o profesión puede ampliar el conjunto de habilidades.
- **Educación Formal**: Obtener títulos y certificaciones adicionales puede abrir puertas a nuevas oportunidades laborales y mejorar las perspectivas salariales.
- **Aprendizaje en Línea**: Aprovechar los recursos educativos en línea, como plataformas de aprendizaje y webinars, para continuar desarrollándose.

Desarrollo de Habilidades Blandas

- **Comunicación y Liderazgo**: Mejorar las habilidades de comunicación y liderazgo puede tener un impacto significativo en el avance profesional y la efectividad en el trabajo.
- **Resolución de Problemas y Pensamiento Crítico**: Desarrollar habilidades para resolver problemas y pensar

críticamente puede mejorar la toma de decisiones y la eficiencia.
- **Gestión del Tiempo y Productividad**: Implementar técnicas de gestión del tiempo y productividad para maximizar el rendimiento y el equilibrio entre el trabajo y la vida personal.

Bienestar Físico y Mental

- **Salud Física**: Mantener una rutina de ejercicio regular, una dieta equilibrada y chequeos médicos periódicos para asegurar una buena salud física.
- **Salud Mental**: Practicar la meditación, el mindfulness y otras técnicas de bienestar mental para gestionar el estrés y mantener una mente sana.
- **Descanso y Recuperación**: Asegurarse de dormir lo suficiente y tomar descansos adecuados para mantener altos niveles de energía y concentración.

Construcción de Redes y Relaciones

- **Networking**: Participar en eventos de networking, tanto en persona como en línea, para construir relaciones profesionales valiosas.
- **Mentoring**: Buscar mentores que puedan ofrecer orientación y apoyo en el desarrollo profesional y personal.
- **Colaboración y Trabajo en Equipo**: Fomentar una mentalidad colaborativa y trabajar en equipo para aprender de otros y construir relaciones de apoyo.

6. Conclusión

La mentalidad de inversión en uno mismo es una de las estrategias más valiosas para mejorar tanto la vida personal como las finanzas. Al dedicar tiempo, esfuerzo y recursos a mejorar habilidades, conocimientos, bienestar y relaciones, podemos construir un futuro más seguro, próspero y satisfactorio. La capacidad de invertir en uno mismo no solo mejora nuestras finanzas y carrera profesional, sino que también enriquece nuestra vida personal y contribuye a un impacto positivo en nuestras comunidades y organizaciones.

Capítulo 48: El Poder de la Reducción de Deudas: Estrategias Prácticas

La reducción de deudas es una de las estrategias financieras más importantes para alcanzar la estabilidad y el crecimiento económico personal. Las deudas pueden ser una carga significativa, afectando no solo las finanzas, sino también el bienestar emocional y la calidad de vida. En este capítulo, exploraremos el poder de la reducción de deudas, sus beneficios y estrategias prácticas para lograrlo.

1. Introducción a la Reducción de Deudas

La reducción de deudas implica pagar las obligaciones financieras existentes para liberar recursos y mejorar la salud financiera general. Este proceso requiere un enfoque disciplinado y estratégico, y puede tener un impacto positivo duradero en la vida de una persona.

Importancia de la Reducción de Deudas

- **Liberación de Recursos Financieros**: Al reducir o eliminar las deudas, se liberan recursos que pueden ser destinados a ahorro, inversión y otras necesidades.
- **Mejora del Puntaje Crediticio**: Pagar las deudas a tiempo y reducir el monto total adeudado puede mejorar el puntaje crediticio, lo que abre puertas a mejores opciones de crédito en el futuro.
- **Reducción del Estrés**: Menos deudas significan menos preocupaciones financieras, lo que contribuye a un mayor bienestar emocional y mental.
- **Aumento de la Seguridad Financiera**: Una menor carga de deudas incrementa la estabilidad financiera y reduce el riesgo de caer en problemas económicos en el futuro.

2. Beneficios de la Reducción de Deudas

Los beneficios de reducir las deudas van más allá de la simple mejora financiera. También impactan en aspectos emocionales y psicológicos, mejorando la calidad de vida en general.

Beneficios Financieros

- **Ahorro en Intereses**: Menos deudas significan menos pagos de intereses, lo que permite ahorrar dinero a largo plazo.
- **Mayor Capacidad de Ahorro e Inversión**: Con menos deudas, es posible destinar más recursos al ahorro y a inversiones que generen rendimientos.
- **Acceso a Mejores Opciones de Crédito**: Un menor nivel de deudas y un buen historial crediticio permiten acceder a mejores tasas de interés y condiciones de crédito.

3. Estrategias Prácticas para la Reducción de Deudas

Implementar estrategias efectivas para reducir las deudas es esencial para alcanzar la libertad financiera. A continuación, se presentan varias estrategias prácticas que pueden ayudar en este proceso.

Evaluación y Organización de las Deudas

- **Inventario de Deudas**: Hacer un inventario detallado de todas las deudas, incluyendo el monto adeudado, la tasa de interés y el plazo de pago.
- **Priorización de Deudas**: Clasificar las deudas por prioridad, basándose en factores como la tasa de interés y el monto adeudado.

Estrategias de Pago de Deudas

- **Método de la Bola de Nieve**: Consiste en pagar primero las deudas más pequeñas mientras se realizan los pagos mínimos en las deudas más grandes. A medida que se eliminan las deudas más pequeñas, se usa el dinero liberado para abordar las deudas más grandes.
- **Método de la Avalancha**: Consiste en pagar primero las deudas con la tasa de interés más alta mientras se realizan los pagos mínimos en las deudas con tasas de interés más bajas. Este método puede ahorrar más dinero en intereses a largo plazo.

Negociación y Refinanciación

- **Negociación con Acreedores**: Contactar a los acreedores para negociar mejores términos, como tasas de interés más bajas o plazos de pago más largos.
- **Consolidación de Deudas**: Considerar la consolidación de deudas en un solo préstamo con una tasa de interés más baja para simplificar los pagos y reducir los intereses.
- **Refinanciación de Hipotecas**: Refinanciar una hipoteca a una tasa de interés más baja puede reducir los pagos mensuales y liberar recursos para pagar otras deudas.

Creación de un Presupuesto y Plan de Pago

- **Presupuesto Realista**: Crear un presupuesto realista que incluya todas las fuentes de ingresos y gastos, asegurándose de asignar una parte para el pago de deudas.
- **Plan de Pago de Deudas**: Establecer un plan de pago detallado que especifique cuánto se destinará cada mes al pago de deudas y cuál será la prioridad.

Aumentar los Ingresos y Reducir los Gastos

- **Aumento de Ingresos**: Buscar oportunidades para aumentar los ingresos, como trabajos adicionales, freelance o ventas de artículos no deseados.
- **Reducción de Gastos**: Identificar y eliminar gastos innecesarios para liberar más recursos para el pago de deudas.

Uso Responsable del Crédito

- **Evitar Nuevas Deudas**: Evitar contraer nuevas deudas mientras se trabaja en reducir las existentes.
- **Uso Responsable de Tarjetas de Crédito**: Usar las tarjetas de crédito de manera responsable, evitando gastar más de lo que se puede pagar en su totalidad cada mes.

4. Implementación de Estrategias de Reducción de Deudas en la Vida Diaria

Adoptar e implementar estrategias de reducción de deudas en la vida diaria requiere un enfoque disciplinado y constante. A continuación, se presentan algunos pasos prácticos para lograrlo:

Evaluación y Planificación Inicial

- **Inventario de Deudas**: Hacer una lista detallada de todas las deudas, incluyendo montos, tasas de interés y plazos de pago.
- **Establecimiento de Metas**: Definir metas claras y alcanzables para la reducción de deudas, estableciendo plazos y montos específicos a pagar cada mes.

Creación de un Presupuesto Realista

- **Registro de Ingresos y Gastos**: Registrar todos los ingresos y gastos mensuales para identificar áreas de mejora y ajustar el presupuesto.
- **Asignación de Recursos**: Asignar una parte del presupuesto para el pago de deudas, asegurándose de priorizar las deudas con tasas de interés más altas o montos menores, según el método elegido.

6. Conclusión

La reducción de deudas es una estrategia fundamental para mejorar la estabilidad financiera y la calidad de vida. Al implementar estrategias prácticas y disciplinadas, es posible liberarse de las cargas de las deudas, ahorrar en intereses, mejorar el puntaje crediticio y aumentar la seguridad financiera. Además, la reducción de deudas tiene beneficios emocionales y psicológicos significativos, reduciendo el estrés y mejorando el bienestar general. Adopta estas estrategias en tu vida diaria para alcanzar la libertad financiera y construir un futuro más seguro y próspero.

Capítulo 49: La Generosidad como Estrategia: Cómo Dar y Recibir en Equilibrio

Introducción

La generosidad es una cualidad que ha sido valorada a lo largo de la historia en diversas culturas y tradiciones. Sin embargo, en el contexto moderno, a menudo se percibe como una virtud desinteresada o un acto de altruismo puro. Este capítulo explora la generosidad no solo como una virtud moral, sino también como una estrategia efectiva para el desarrollo personal y profesional. Se enfoca en cómo dar y recibir en equilibrio puede mejorar nuestras relaciones, incrementar nuestras oportunidades y enriquecer nuestras vidas de manera integral.

La Naturaleza de la Generosidad

La generosidad implica mucho más que la simple acción de dar. Se trata de una disposición mental y emocional que influye en cómo interactuamos con el mundo. Puede manifestarse de diversas formas, como compartir recursos materiales, ofrecer tiempo y atención, brindar apoyo emocional, o incluso compartir conocimientos y habilidades.

1. **Generosidad Material**: Donaciones de dinero, bienes o servicios.
2. **Generosidad de Tiempo**: Voluntariado, mentoría, y el simple acto de escuchar a alguien.
3. **Generosidad Emocional**: Ofrecer apoyo, comprensión y empatía.
4. **Generosidad Intelectual**: Compartir conocimientos, enseñar y capacitar a otros.

Beneficios de la Generosidad

Los actos de generosidad no solo benefician a quienes los reciben, sino que también tienen efectos profundos y positivos en quienes los practican:

1. **Bienestar Personal**: La investigación ha demostrado que los actos de generosidad pueden incrementar la felicidad y reducir el estrés. Dar a los demás activa áreas del cerebro asociadas con la gratificación y la satisfacción.
2. **Relaciones Más Fuertes**: La generosidad fortalece las relaciones interpersonales. Las personas tienden a sentirse más conectadas y apreciadas cuando reciben generosidad, lo que a su vez fomenta la reciprocidad y la cooperación.
3. **Mejora de la Reputación**: Ser generoso puede mejorar nuestra reputación y construir una imagen positiva en la comunidad. Las personas generosas son vistas como confiables y amables, lo que puede abrir puertas a nuevas oportunidades.
4. **Impacto Social**: La generosidad puede tener un efecto multiplicador en la sociedad. Al inspirar a otros a ser generosos, se puede crear un ambiente de apoyo y cooperación que beneficie a la comunidad en general.

La Generosidad Estratégica

Para que la generosidad sea verdaderamente efectiva, debe ser equilibrada y estratégica. Dar sin medida o sin reflexión puede llevar al agotamiento y a la explotación. Por ello, es esencial encontrar un equilibrio entre dar y recibir.

1. **Conocer los Límites**: Es crucial ser consciente de nuestros propios límites y capacidades. La generosidad debe ser sostenible, de manera que no comprometa nuestro bienestar físico, emocional o financiero.
2. **Seleccionar Dónde y Cómo Dar**: No todos los actos de generosidad son igualmente efectivos. Identificar las áreas donde nuestras contribuciones pueden tener el mayor impacto es fundamental. Esto puede implicar elegir causas que nos apasionen o donde tengamos habilidades específicas que ofrecer.
3. **Reciprocidad y Redes**: La generosidad no debería ser un callejón sin salida. Construir redes de reciprocidad, donde dar y recibir se conviertan en un ciclo natural, fortalece tanto a la persona generosa como a la comunidad. Establecer relaciones

donde todos se beneficien fomenta un entorno de apoyo mutuo.
4. **Transparencia y Comunicación**: Ser claro acerca de nuestras intenciones y capacidades puede prevenir malentendidos y expectativas poco realistas. La transparencia en nuestras acciones generosas ayuda a construir confianza y gestionar mejor las relaciones.

Cómo Recibir con Gracia

Recibir generosidad puede ser tan importante como darla. Aceptar ayuda o regalos con gracia es un acto de humildad y reconocimiento del valor de los demás. Aquí hay algunas pautas para recibir con gracia:

1. **Agradecimiento Sincero**: Expresar gratitud genuina cuando recibimos algo es esencial. Un agradecimiento sincero refuerza la conexión y muestra aprecio por el gesto.
2. **Reconocer el Valor del Dador**: Reconocer y valorar el esfuerzo y la intención detrás del acto generoso fortalece la relación y fomenta un ciclo positivo de reciprocidad.
3. **Mantener el Equilibrio**: Es importante estar abiertos a recibir para mantener un equilibrio saludable. Aceptar ayuda cuando la necesitamos permite que otros también experimenten la gratificación de ser generosos.

Ejemplos de Generosidad en Acción

1. **En el Lugar de Trabajo**: Un mentor que dedica tiempo a guiar a un colega junior no solo le brinda apoyo, sino que también fomenta una cultura de aprendizaje y cooperación dentro de la organización.
2. **En la Comunidad**: Participar en proyectos comunitarios o voluntariados puede tener un impacto significativo, creando un entorno más fuerte y cohesionado.
3. **En las Relaciones Personales**: Actos pequeños y frecuentes de generosidad, como escuchar a un amigo en momentos difíciles o ofrecer ayuda con tareas cotidianas, fortalecen los lazos y crean relaciones más profundas y significativas.

Conclusión

La generosidad, cuando se practica de manera equilibrada y estratégica, es una poderosa herramienta para el crecimiento personal y la construcción de relaciones sólidas. Dar y recibir en equilibrio no solo mejora nuestro bienestar individual, sino que también tiene el potencial de transformar nuestras comunidades y sociedades. Al adoptar una actitud generosa y aprender a manejar la reciprocidad, podemos crear un ciclo positivo de apoyo y colaboración que enriquece nuestras vidas y las de quienes nos rodean.

Capítulo 50: El Éxito como Estilo de Vida: Integrando tus Metas Financieras en tu Cotidianidad

Introducción

El éxito financiero a menudo se percibe como un destino final, un objetivo que se alcanza después de años de arduo trabajo y sacrificio. Sin embargo, el verdadero éxito financiero no es un estado fijo, sino un proceso continuo que se integra en nuestra vida diaria. Este capítulo explora cómo hacer del éxito financiero una parte intrínseca de nuestra vida cotidiana, estableciendo metas claras y prácticas que se alineen con nuestros valores y estilo de vida.

La Definición de Éxito Financiero

Antes de profundizar en cómo integrar las metas financieras en la cotidianidad, es esencial definir qué entendemos por éxito financiero. Para algunos, puede significar alcanzar la independencia financiera, mientras que para otros, puede ser la capacidad de vivir cómodamente sin preocupaciones económicas. El éxito financiero es subjetivo y varía según las circunstancias personales y los objetivos de cada individuo.

1. **Independencia Financiera**: La capacidad de vivir sin depender de un empleo fijo, con ingresos pasivos que cubren los gastos necesarios.
2. **Estabilidad Financiera**: Tener suficientes ahorros y una gestión de deudas eficiente para afrontar emergencias y mantener un estilo de vida deseado.
3. **Abundancia Financiera**: No solo cubrir necesidades básicas, sino también tener la libertad de realizar sueños y deseos personales sin restricciones financieras.

Establecimiento de Metas Financieras

Para integrar el éxito financiero en la vida cotidiana, es fundamental establecer metas claras y alcanzables. Estas metas deben ser específicas, medibles, alcanzables, relevantes y temporales (SMART).

1. **Metas a Corto Plazo**: Objetivos financieros que se pueden lograr en un año o menos. Ejemplos incluyen la creación de un fondo de emergencia, el pago de una deuda de tarjeta de crédito, o ahorrar para unas vacaciones.
2. **Metas a Mediano Plazo**: Objetivos que requieren de uno a cinco años para alcanzarse, como ahorrar para un coche nuevo, hacer un curso de especialización o realizar una inversión significativa.
3. **Metas a Largo Plazo**: Metas que requieren más de cinco años para lograrse, tales como la compra de una casa, la jubilación, o la educación universitaria de los hijos.

Integrando las Metas Financieras en la Vida Cotidiana

Una vez que se han establecido las metas financieras, es crucial integrar las acciones necesarias para alcanzarlas en la rutina diaria. Aquí hay algunas estrategias clave para lograrlo:

1. **Presupuesto y Seguimiento**: Crear y mantener un presupuesto mensual es una herramienta esencial para gestionar las finanzas diarias. Un presupuesto ayuda a controlar los gastos, identificar áreas de ahorro y garantizar que se están destinando fondos hacia las metas financieras. Utilizar aplicaciones de seguimiento financiero puede facilitar esta tarea.
2. **Hábitos de Ahorro**: Implementar hábitos de ahorro automáticos, como transferir un porcentaje fijo del ingreso mensual a una cuenta de ahorros, puede simplificar el proceso de acumulación de fondos para objetivos específicos. También es útil revisar regularmente las suscripciones y gastos recurrentes para identificar oportunidades de ahorro.
3. **Educación Financiera**: Continuar educándose sobre finanzas personales y estrategias de inversión es vital para tomar decisiones informadas. Leer libros, asistir a seminarios o cursos en línea, y seguir a expertos financieros puede proporcionar conocimientos valiosos y motivación continua.

4. **Inversión Inteligente**: Considerar la inversión como una parte integral del plan financiero. Diversificar las inversiones y buscar asesoramiento profesional puede ayudar a maximizar los rendimientos y gestionar los riesgos. Es importante alinearse con estrategias de inversión que coincidan con las metas y el perfil de riesgo personal.

La Mentalidad del Éxito Financiero

Además de las acciones prácticas, la mentalidad es un componente crucial para integrar el éxito financiero en la vida diaria. Adoptar una mentalidad de crecimiento y abundancia puede transformar cómo vemos y manejamos el dinero.

1. **Mentalidad de Crecimiento**: Creer en la capacidad de mejorar y aprender continuamente. En el contexto financiero, esto significa estar abierto a nuevas oportunidades, aprender de los errores y buscar siempre formas de optimizar las finanzas personales.
2. **Gratitud y Generosidad**: Practicar la gratitud por lo que se tiene y la generosidad hacia los demás puede cambiar la perspectiva sobre el dinero. La gratitud ayuda a reducir la ansiedad financiera y a disfrutar más del presente, mientras que la generosidad crea una relación positiva con el dinero.

Conclusión

Integrar el éxito financiero en la vida cotidiana es un proceso continuo que requiere metas claras, acciones consistentes y una mentalidad adecuada. Al hacer del manejo financiero una parte integral de la rutina diaria, no solo se alcanzan las metas financieras, sino que también se construye una vida más equilibrada y satisfactoria. El éxito financiero, cuando se aborda de manera holística, se convierte en un estilo de vida que enriquece cada aspecto de nuestra existencia, proporcionando no solo seguridad económica, sino también libertad y bienestar general.

www.ingramcontent.com/pod-product-compliance
Lightning Source LLC
Chambersburg PA
CBHW071827210526
45479CB00001B/29